GÉOPOLITIQUE DES FRUITS ET LÉGUMES

40 fiches illustrées pour comprendre le monde

Éditions Eyrolles
61, bd Saint-Germain 75005 Paris
info@eyrolles.com
www.editions-eyrolles.com

Relecture/corrections : Anne Lohéac et Carole Gavaggio
Création maquette et mise en pages : Claire Fauvain
Réalisation des cartes : Légendes Cartographie

Depuis 1925, les éditions Eyrolles s'engagent en proposant des livres pcur comprendre le monde, transmettre les savoirs et cultiver ses passions ! Pour continuer à accompagner toutes les générations à venir, nous travaillons de manière responsable, dans le respect de l'environnement. Nos imprimeurs sont ainsi choisis avec la plus grande attention, afin que nos ouvrages soient imprimés sur du papier issu de forêts gérées durablement. Nous veillons également à limiter le transport en privilégiant des imprimeurs locaux. Ainsi, 89 % de nos impressions se font en Europe, dont plus de la moitié en France.

ISBN : 978-2-416-02194-7
Achevé d'imprimer en juin 2026 en Espagne par Graphycems
Dépôt légal : juin 2026

FSC MIXTE Papier | Pour une gestion forestière responsable FSC® C007507

Sous la direction de **Sébastien Abis et Anaïs Marie**

Avec les contributions de **Sébastien Abis, Anissa Bertin, Laura Demurtas, Anaïs Marie, Claire de Marignan et Diane Mordacq**

GÉOPOLITIQUE DES FRUITS ET LÉGUMES

40 fiches illustrées pour comprendre le monde

Collection dirigée par Pascal Boniface

Éditions EYROLLES

SOMMAIRE

INTRODUCTION

Ils sont présents dans notre quotidien, bons pour la santé et riches en couleurs. Ils bénéficient d'un grand capital sympathie. Fruits et légumes composent nos repas, structurent nos prises alimentaires et garnissent généreusement le panier des ouvrages traitant de cuisine ou de jardinage… De quoi en oublier, parfois, pour ne pas dire très souvent, leur dimension géopolitique.

C'est donc ici l'objectif principal de ces pages : proposer une perspective longue et large relative aux fruits et légumes. Derrière le rappel de fondamentaux et le décryptage de tendances planétaires se dévoilent des dynamiques agricoles, climatiques, économiques, politiques et sociales qui peuvent surprendre le consommateur. Et donc le cueillir à froid. Plantons ici le décor avec quelques points de repère afin de vous inviter, par la suite, à croquer dans notre menu.

Les fruits et légumes sont clés dans la sécurité alimentaire mondiale. Ils assurent 15 % des apports caloriques globaux, représentent 30 % de la production agricole mondiale et 12 % des terres agricoles cultivées, soit environ 200 millions d'hectares (Mha). Cela correspond à deux fois et demie la taille totale de la France métropolitaine, un confetti sur le globe. Néanmoins, ces surfaces augmentent : elles ont doublé en cinquante ans, atteignant 132 Mha pour les légumes (tubercules et racines compris) et 68 Mha pour les fruits.

Alors que la population mondiale est passée de 4 milliards d'habitants à 8 milliards au cours du dernier demi-siècle, la demande en fruits et légumes a augmenté sur tous les continents. Plus de bouches à nourrir et une attractivité pour ces aliments en raison de leurs vertus nutritionnelles. Dans de nombreux pays, notamment les plus développés, les sociétés en veulent tout au long de l'année, indépendamment des saisons et des origines, la primauté étant donnée à la disponibilité sur les étals. Tous n'ont pas cette abondance. D'ailleurs, trois freins persistent à leur consommation universelle : des millions d'habitants doivent se contenter des récoltes locales, qui peuvent manquer fréquemment ; le prix des fruits et légumes limite parfois leur accessibilité ; la fraîcheur de ces aliments reste complexe à garantir dans le temps ou dans des espaces dépourvus d'équipements de stockage performants.

Comme toujours en agriculture et dans l'alimentaire, la géographie s'exprime à plein régime. Les fruits et légumes sont doublement climatodépendants. Les conditions météorologiques conditionnent les volumes et la qualité des productions, mais aussi les pratiques de consommateurs, plus avides à végétaliser leur assiette en fonction des températures et de l'ensoleillement. Les fruits et légumes entrent aussi dans les verres, les pots ou les gourdes car boissons, yaourts ou compotes en raffolent. Retour sur Terre : dorénavant, environ 2 100 millions de tonnes (Mt) de légumes récoltés (tubercules et racines compris) et 950 Mt de fruits. C'est 3 fois plus qu'en 1975. Cela fait donc désormais 2 150 milliards de kilos par an. Nous convertissons, à dessein, pour que chacun puisse prendre la mesure du poids de ces productions. Blé, maïs et riz représentent ensemble 2 500 Mt si l'on compare les fruits et légumes avec les grandes céréales.

Qui sont les stars dans les champs ? Bananes avant tout, mais ensuite pastèques, pommes, raisins et oranges au rayon fruits. Oignons, concombres, choux, aubergines mais surtout tomates côté légumes. À l'échelle mondiale, ce sont les plus produits. Détour par la botanique pour expliquer nos choix. Tomates, concombres et avocats sont traités dans la partie fruits, car ils se développent après une fleur. Ce ne sont donc pas des légumes. Pour ces derniers, nous avons aussi intégré les tubercules, avec les pommes de terre et le manioc, deux cultures clés de l'alimentation mondiale.

Les fruits et légumes sont aussi portés par la recherche génétique depuis des années, facteur déterminant dans l'accroissement des rendements et des variétés. Ils sont également au cœur du commerce, se positionnant même comme la catégorie de produits alimentaires la plus échangée au monde en valeur (230 milliards de dollars par an). Et pourtant, seuls 12 % des fruits et 6 % des légumes collectés sont internationalisés. Ces franchissements de frontières requièrent des infrastructures, des chaînes du froid, des transports multimodaux et des centres de distribution territoriaux. Entre marchés de gros, marchés de plein vent et supermarchés se font ensuite les courses.

Tous ces éléments, de la production à la consommation en passant par les différents maillons logistiques, industriels et sanitaires s'intègrent dans le paysage mondial des affaires internationales. Les capacités et les intentions des acteurs ne sont pas homogènes. États et entreprises rivalisent pour être compétitifs sur ce secteur stratégique des fruits et légumes. Bien plus qu'un segment marginal, il s'agit d'un domaine attractif pour les investisseurs puisque ces aliments cochent potentiellement toutes les cases de l'alimentation durable, saine et bonne. Ce serait aller trop vite en besogne, les situations étant plus complexes et plus tranchées que cela.

Mais, puisque l'on parle de travail, concluons cette mise en appétit par un rappel vital : sans femmes ni hommes dans le maraîchage et l'arboriculture, sans ces agriculteurs, ces agricultrices et ces entrepreneurs et entrepreneuses, dans la nature et dans les serres, point de fruits et de légumes sur nos tables. À moins d'une révolution robotique de grande ampleur ou d'un régime sévère collectif. La prospective géopolitique passe toujours par des voies inévitables et des scénarios contrastés.

Sébastien Abis

CONTRIBUTION DES AUTEURS

Sébastien Abis
Fiche 1. Panorama général
Fiche 10. France 5 : le programme
Fiche 11. Plateau global
Fiche 17. Tomate : la concentrée
Fiche 22. Humanités : l'avenir
Fiche 24. Logistique : l'incontournable
Fiche 33. Santé : le feu vert

Anissa Bertin
Fiche 8. Oignon, ail : l'arme à l'œil
Fiche 16. Noix de coco : l'ascension
Fiche 18. Concombre : l'atemporel
Fiche 21. Semence : l'irremplaçable
Fiche 23. Consommation : sans faim

Laura Demurtas
Fiche 19. Avocat : le hors la loi
Fiche 26. Diplomatie : les coulisses
Fiche 27. Agroéquipement : la bataille
Fiche 35. Chips : l'envolée
Fiche 36. Olive : l'agitée
Fiche 37. Boissons : l'aventure
Fiche 38. Vin, champagne : la secousse

Anaïs Marie
Fiche 3. Manioc : l'enracinement
Fiche 4. Carotte : la populaire
Fiche 6. Pois chiche : le pari
Fiche 12. Pomme, poire : la croisade
Fiche 13. Orange : la sanguine
Fiche 34. Pistache : l'influente
Fiche 39. Eau-de-vie : la limite

Claire de Marignan
Fiche 7. Champignon : le souterrain
Fiche 9. Plantes aromatiques : la mode
Fiche 14. Banane : l'ingénieuse
Fiche 20. France 4 : l'émission
Fiche 28. Stockage : le contrôle
Fiche 29. Plastique : le sens
Fiche 30. France zéro : le pollinisateur
Fiche 32. Transformation : la méconnue

Diane Mordacq
Fiche 2. Pomme de terre : la conquérante
Fiche 5. Chou : l'alicament
Fiche 15. Kiwi : l'énergique
Fiche 25. Conservation : l'indispensable
Fiche 31. Juste prix : la correction
Fiche 40. Demain la fin : le déséquilibre

PARTIE 1

LÉGUMES D'ICI
ET D'AILLEURS

FICHE 1 | Sébastien Abis

PANORAMA GÉNÉRAL

Partout, les légumes occupent une place essentielle parmi les cultures agricoles et les régimes alimentaires. Voici le tableau mondial de ces productions, de leur commerce et de leurs principaux acteurs.

UNE CROISSANCE SPECTACULAIRE QUI S'ESSOUFFLE

Depuis un demi-siècle, les chiffres parlent d'eux-mêmes : les légumes (tubercules et racines compris) poussent désormais sur deux fois plus d'espaces qu'en 1970 et la récolte mondiale a été multipliée par 3. En 2024, selon l'Organisation des Nations unies pour l'alimentation et l'agriculture (FAO), nous atteignons dans le monde 132 millions d'hectares cultivés et 2 130 millions de tonnes (Mt) de production, soit des surfaces équivalentes à la taille du Pérou pour un volume voisin du maïs, la céréale la plus abondante de la planète. Il est toutefois difficile de savoir si ces tendances pourront se poursuivre, compte tenu des limites en terres arables et en eau, et des changements climatiques. La production mondiale de légumes a été multipliée par 1,5 entre 1975 et 1995, puis à nouveau de 1995 à 2015 ; mais, depuis, la progression s'est nettement ralentie : + 11 % seulement entre 2015 et 2024.

Deux précisions s'imposent. Bien qu'elle soit un fruit au sens botanique, et traitée comme tel dans le reste de l'ouvrage (*voir fiche 17*), la tomate est comptabilisée par l'ONU parmi les légumes. Par ailleurs, il n'existe pas de données relatives à la part exacte des légumes dans la consommation alimentaire mondiale mais on estime qu'ils représentent 7 % à 8 % des apports caloriques. Le boom démographique depuis 1975 (+ 4 milliards d'habitants) a largement stimulé ces cultures vivrières de base. Or, le ralentissement en cours de la croissance de la population laisse penser que les volumes augmenteront bien moins vite. En outre, si les chocs météorologiques et phytosanitaires s'amplifient, la vigilance sera de mise car rien ne dit que l'on pourra récolter autant de légumes demain. Les productions sous serre constitueront alors une option plus sûre, mais leur coût global (construction, fonctionnement, entretien) reste prohibitif pour beaucoup de pays et d'agriculteurs.

UNE PRODUCTION DOMINÉE PAR QUELQUES ACTEURS

Pommes de terre, manioc, tomates, oignons/échalotes, ignames, patates douces, concombres, choux, aubergines et champignons sont les dix légumes les plus produits. Ensemble, ils pèsent pour 1,5 milliard de tonnes, soit 70 % de la récolte mondiale.

Sur la période 2022-2024, la Chine réalise à elle seule un tiers (36 %) de la production mondiale de légumes, tubercules comprises (soit 752 Mt par an en moyenne), suivie par l'Inde (9 % ; 193 Mt). Le reste de la planète se partage le tiers restant… mais, là encore, des pays se distinguent. Le Nigeria est le troisième producteur grâce aux tubercules/racines (155 Mt, 7 %), suivi par l'Indonésie et la République démocratique du Congo (48 Mt chacun). Les États-Unis, la Thaïlande, la Turquie, le Brésil et le Vietnam complètent ce top 10, qui représente les deux tiers de la récole en légumes du monde. Derrière, nous trouvons l'Ukraine, le Ghana, la Russie, l'Égypte et le Bangladesh.

> Les échanges mondiaux de légumes s'élèvent à 90 milliards de dollars par an, un peu moins que les produits laitiers (110 milliards) mais autant que les engrais minéraux ou les machines agricoles.

Sur le plan commercial, les échanges de légumes sont dominés par quelques espèces. En valeur monétaire, tomates (11,1 milliards de dollars), avocats (8,3), piments (7,1), pommes de terre (6,2), oignons/échalotes (4,7) sont les cinq produits dominants. Nous retrouvons ces produits en volume, même si le manioc, avec 10,5 Mt, et les concombres/cornichons, la carotte et le choux, avec 3 Mt chacun, sont aussi très commercialisés. À titre comparatif, la planète échange 0,6 Mt par an en haricots verts frais ou en aubergines.

À l'exportation, la Chine domine les débats (11 milliards de dollars), suivie du Mexique (10 milliards), des Pays-Bas et de l'Espagne (9 milliards), puis du Canada (6 milliards). La France est le septième exportateur mondial (3 milliards), mais surtout le quatrième à l'importation (4 milliards), devancée par le Royaume-Uni (5 milliards), l'Allemagne (9 milliards) et les États-Unis (16 milliards). Pour ce dernier pays, le déficit structurel en légumes (– 9 Mt entre exports et imports) génère une balance commerciale déficitaire de 10 milliards de dollars. La Chine, à l'inverse, affiche un excédent annuel de 10 Mt et 8 milliards de dollars.

Sur le continent africain, là où les besoins alimentaires continuent à croître fortement, plusieurs nations cherchent à développer les légumes dans leurs sols agricoles mais aussi dans leur stratégie commerciale, à l'instar du Maroc, devenu leader africain à l'export, juste devant l'Égypte et bien plus largement que l'Afrique du Sud.

FOCUS

La France réalise une production de légumes (hors pommes de terre) de 5,3 Mt par an en moyenne sur la période 2022-2024, soit à peine 0,5 % de la récolte mondiale. Néanmoins, cette filière compte dans le paysage agricole national, représentant environ 200 000 hectares (dont 4 % sous serres et 20 % en conduite biologique), dégageant un chiffre d'affaires annuel de 3,5 milliards d'euros et assurant 450 000 emplois directs (dont 70 % de saisonniers). Ce sont environ 31 000 entreprises, de toutes tailles, qui composent ce secteur, avec environ 32 000 exploitations agricoles produisant ces légumes de France. Environ 80 espèces y sont cultivées. Côté consommation, les Français privilégient la tomate, la carotte, la courgette, l'oignon et le concombre dans leurs achats les plus significatifs de légumes. Les Hauts-de-France sont la région qui a la plus grande superficie de production (56 000 ha), suivie par la Nouvelle-Aquitaine (44 000 ha) et la Bretagne (34 000 ha).

À RETENIR

Avec 101 Mt de légumes par an (racines et tubercules compris), l'Union européenne (27 membres), réalise à peine 5 % de la production mondiale. Mais cinq pays (Allemagne, France, Espagne, Italie et Pays-Bas) font 65 % de la récolte européenne. En raison de leurs outils agrologistiques, Hollandais et Belges sont des nations qui comptent dans le commerce international de légumes. À l'inverse, la Thaïlande, pourtant septième grand producteur mondial, n'est que le dix-neuvième exportateur. Le Mexique rivalise avec la Chine pour occuper la première place des nations qui vendent le plus de légumes dans le monde.

Évolution de la surface employée pour la production de légumes (tubercules et racines compris) dans le monde entre 1975 et 2024

En millions d'hectares

Évolution de la production de légumes (tubercules et racines compris) dans le monde entre 1975 et 2024

En milliards de tonnes

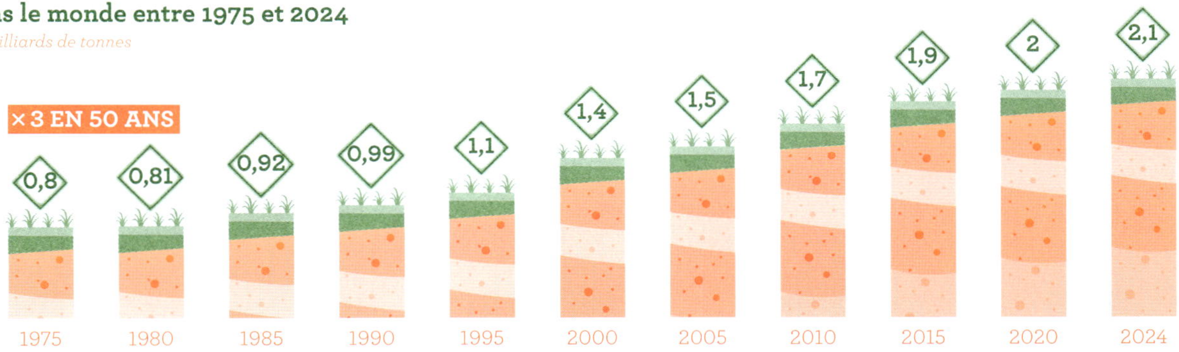

FICHE 2 | Diane Mordacq

POMME DE TERRE : LA CONQUÉRANTE

Troisième aliment le plus consommé par les humains derrière le riz et le blé, la pomme de terre incarne un certain optimisme, notamment dans les zones désertiques, où sa culture gagne du terrain.

ALLIÉE DE LA SÉCURITÉ ALIMENTAIRE ET CULTURE ADAPTABLE

En 2023 et 2024, 28 % de la population mondiale vivait en situation d'insécurité alimentaire modérée (incapacité à se procurer régulièrement une alimentation adéquate sur le plan nutritionnel) ou sévère (privation alimentaire grave mettant en danger la santé ou la survie). Sur les 384 millions de tonnes (Mt) produites par an en moyenne sur 2022-2024, seuls 4 % étaient commercialisés au niveau international, ce qui montre que la pomme de terre répond avant tout à des enjeux locaux de sécurité alimentaire. Avec son avantage nutritionnel certain, le tubercule a conquis les stratégies nationales, comme en Chine, où il est considéré depuis 2015 par le gouvernement comme un aliment de base (et non un accompagnement) au même titre que le riz, le blé et le maïs. Sa production mondiale a augmenté de 23 % par an en moyenne entre 2000-2002 et 2022-2024 (35 % pour le riz et 37 % le blé) ; les plus hauts taux de croissance étaient visibles en Afrique de l'Ouest (+ 269 %), Afrique du Nord (+ 214 %) et Afrique centrale (+ 168 %) où la population a respectivement augmenté de 84 %, 49 % et 105 % sur la même période. De son côté, l'Europe, à l'exception de sa partie ouest, connaissait un recul de la production (Europe du Sud – 40 %, Europe de l'Est – 36 % et Europe du Nord – 22 %).

DES COÛTS DE PRODUCTION CACHÉS

Originaire de la cordillère des Andes, en Amérique du Sud, la pomme de terre a rejoint l'Europe vers 1570 dans les cales des conquistadors espagnols.

Après avoir conquis les zones tempérées comme l'Europe, sa culture s'oriente vers les zones climatiques sèches (terres hyperarides, arides, semi-arides et subhumides sèches) qui couvrent 45 % de la surface terrestre émergée et concentrent 38 % de la population mondiale. L'Égypte, dont 96 % du territoire est désertique, illustre bien la réussite de la mise en culture de ces terres, puisqu'elle occupe aujourd'hui le dixième rang des producteurs. En automne et en hiver, le désert de Libye, qui couvre la partie à l'ouest du Nil, offre les conditions climatiques nécessaires à la culture du tubercule avec des températures diurnes comprises entre 23 °C et 27 °C et nocturnes entre 8 °C et 13 °C, une durée d'ensoleillement quotidienne d'environ onze heures, ainsi qu'une humidité relative de 35 %. Les contraintes en ressources naturelles qui le caractérisent (pauvreté du sol et manque d'eau) sont compensées par le recours à des technologies telles que les engrais, l'irrigation et l'amélioration génétique. La mise en culture du désert permet à des pays comme l'Égypte d'augmenter leur disponibilité en surfaces agricoles et d'accroître leur production, un avantage de taille alors que d'autres pays sont confrontés à la baisse des surfaces disponibles (– 8 % de terres arables en France depuis 2000) ainsi qu'à une stagnation des rendements (+ 3 % de rendement en pommes de terre en France depuis 2000).

« Une pomme de terre moyenne cuite à l'eau répond à la moitié des besoins d'un adulte en vitamine C, fer et potassium. »

International Potato Center

Sur les 7 Mt de pommes de terre produites par l'Égypte, près de 2 Mt proviennent du gouvernorat de la Nouvelle-Vallée. Ce territoire entièrement désertique comprend plusieurs zones de production, parmi lesquelles Sharq El Owainat, qui s'étend sur 100 kilomètres de long et 80 kilomètres de large, et concentre 60 % de ses surfaces emblavées en pommes de terre. Investis depuis 1991, sa gestion et son développement sont aux mains de la branche économique de l'armée, la National Service Projects Organization (NSPO), ce qui montre que la conversion de zones hostiles en zones productives nécessite une volonté politique forte. Dans son projet « Future of Egypt », le président égyptien Abdel Fattah al-Sisi, en poste depuis 2014, prévoit de transformer 1,9 million d'hectares de désert en terres arables d'ici à 2027, chaque hectare converti coûtant entre 8 800 euros et 13 200 euros. Répondant certes à de réels besoins alimentaires (l'insécurité alimentaire modérée et sévère touche 31 % des Égyptiens), ce projet pharaonique sert également à l'affirmation de l'autoritarisme du régime. Symbole de réussite pour le pouvoir en place, le verdissement du désert ne trouvera son véritable sens que dans la durée, à condition d'assurer une gestion responsable et durable des ressources, surtout de l'eau.

FOCUS

En 2024, les pays de l'Union européenne (UE) ont exporté 6,1 Mt de pommes de terre surgelées dont 58 % à destination des pays membres de l'UE, 14 % du Royaume-Uni et 28 % des pays tiers. Les États-Unis (4 %), l'Arabie saoudite (4 %) et le Brésil (2 %) captent les plus grands flux, bien que ces deux derniers aient enregistré une diminution de leurs importations. Cette évolution s'explique par la concurrence croissante sur le marché des pommes de terre surgelées, causée par l'industrialisation des pays importateurs (notamment l'Arabie saoudite et le Brésil) et par l'émergence de nouveaux pays exportateurs. À ce titre, la Chine constitue un exemple notable, avec une augmentation de 643 % de ses exportations de pommes de terre surgelées. Bien que les flux chinois ne représentent actuellement que 2 % des exportations mondiales de ces produits, leur importance pourrait croître à mesure que sa population décline (- 100 millions d'ici à 2050). De quoi inquiéter les transformateurs français, de plus en plus nombreux.

À RETENIR

Dans un monde où la faim reste une réalité, la pomme de terre, du fait de son avantage nutritif, gagne en popularité dans les stratégies de sécurité alimentaire. C'est une culture historiquement intégrée aux zones tempérées, que l'ingéniosité agricole permet aujourd'hui de cultiver jusque dans les zones climatiques sèches, comme l'Égypte. Simple mirage ou solution durable sur le long terme, le verdissement de ces territoires est une réalité.

ÉVOLUTION DE LA PRODUCTION DE POMMES DE TERRE

VOLUME MONDIAL PRODUIT PAR AN EN MOYENNE SUR 2022-2024 :
384 MILLIONS DE TONNES

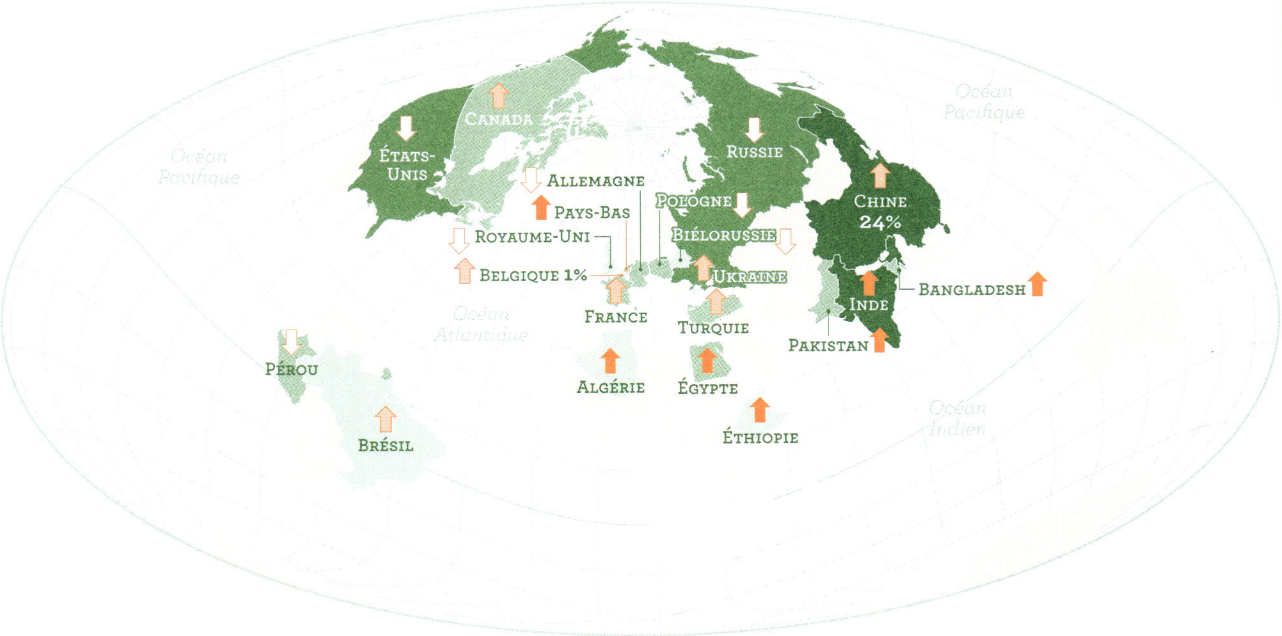

Part de la production mondiale de pommes de terre (en pourcentage, moyenne annuelle 2022-2024)

- Plus de 10 % — **CHINE 24% (MAXIMUM)**
- Entre 5 et 10 %
- Entre 2 et 5 %
- Moins de 2 % — **BELGIQUE 1% (MINIMUM)**

Évolution de la production annuelle entre les moyennes 2000-2002 et 2021-2024

- Forte hausse (supérieure à 100 %)
- Hausse modérée (0 à 100 %)
- Baisse (inférieure à 0)

FICHE 3 | Anaïs Marie

MANIOC : L'ENRACINEMENT

Encore peu connu en Amérique du Nord et en Europe, où il fait progressivement son apparition, le manioc est un aliment de base pour de nombreuses populations dans le monde et fait l'objet d'un commerce dynamique.

DE L'AMAZONIE À L'AFRIQUE ET L'ASIE

Domestiqué il y a 10 000 ans par les anciens peuples autochtones du bassin sud de l'Amazonie, au Brésil, qui ont su rendre ce légume tubercule comestible, le manioc n'était pas destiné au succès qu'il connaît aujourd'hui. Naturellement toxique, il libère des substances comme le cyanure d'hydrogène – mortel à forte dose et pouvant endommager le système nerveux en cas d'exposition chronique – lorsque ses cellules sont endommagées, par exemple par la mastication. Parmi les quelque 70 variétés de manioc qui existent dans le monde, aucune ne peut être consommée crue. Toutefois, les processus de préparation et de cuisson lui ont permis de gagner en popularité et de se répandre sur le globe, jusqu'à devenir le deuxième légume le plus produit au monde avec 334 millions de tonnes (Mt) en moyenne, derrière la pomme de terre (384 Mt) et devant les tomates (185 Mt) – si ces dernières sont classées dans la catégorie des légumes. Cet essor ne semble pas près de s'arrêter : avec un volume record en 2024, la production de manioc a presque doublé depuis le début du siècle et a conquis une partie du globe. Il est aujourd'hui principalement cultivé en Afrique – deux tiers des volumes globaux, notamment grâce à l'Afrique de l'Ouest – et en Asie du Sud-Est (25 %), loin devant l'Amérique du Sud, berceau d'origine, qui n'en produit plus que 8 %. Ces dynamiques continentales se retrouvent à l'échelle des pays. Les productions nigérianes et thaïlandaises ont ainsi chacune presque doublé depuis vingt-cinq ans, tandis que celles de la République démocratique du Congo (RDC) et du Ghana ont triplé.

INTERDÉPENDANCES STRATÉGIQUES

Le manioc dispose d'une grande diversité d'utilisations qui en fait un produit stratégique, notamment pour l'alimentation humaine – soupes, ragoûts, galettes, farine, boissons fermentées, desserts… – et ses utilisations industrielles. La racine de manioc étant riche en amidon, elle constitue une matière première clé pour de nombreux secteurs : alimentaire (tapioca ou fécule de manioc, épaississant, liant, gonflant et stabilisant, additif, édulcorant…), chimique (éthanol, acides aminés…), pharmaceutique et cosmétique, mais aussi pour la fabrication d'adhésifs, de colles, de papier, de textile et de matériaux biodégradables. Tiges, feuilles et épluchures peuvent également servir pour l'alimentation animale. Cette polyvalence, combinée à un fort potentiel nutritif en raison de l'apport élevé en vitamines, minéraux et glucides complexes – sucres libérés lentement dans l'organisme –, en fait un légume convoité. Le manioc figure ainsi comme l'un des légumes (tubercules compris) les plus échangés au monde. Il contribue donc à l'économie de nombreux pays et participe aux relations d'interdépendances entre exportateurs et importateurs. La Chine, premier acheteur mondial de manioc et d'amidon dépend ainsi en grande partie des approvisionnements extérieurs, notamment de la Thaïlande et du Vietnam. Si la sécurisation de ces importations est cruciale pour l'empire du Milieu, elle l'est aussi pour ses fournisseurs. La Thaïlande, premier exportateur mondial de manioc, dépend de fait à 99 % de la demande chinoise, et le Vietnam à 85 %. Le moindre aléa entre ces partenaires (politique, commercial, production, climat…) peut donc affecter grandement leur économie, leur industrie et leur sécurité alimentaire.

90 %

des importations mondiales de manioc sont réalisées par la Chine et la Thaïlande (moyenne annuelle 2022-2024), notamment pour l'industrie de l'amidon.

Par ailleurs, l'ensemble du secteur pourrait être affecté par l'émergence de maladies du manioc ces dernières années : comme celle du « balai à sorcière » (infection fongique qui provoque croissance anormale des pousses, réduction de la formation des racines…), qui se répand depuis 2022 dans les cultures guyanaises et brésiliennes, et qui se développe en Asie du Sud-Est, ou celle des nécroses racinaires, qui touche la RDC, deuxième producteur mondial. Des chutes de rendements parmi les principaux producteurs et/ou exportateurs auraient des répercussions à travers le globe puisque les volumes disponibles sur les marchés mondiaux diminueraient et que la demande augmenterait pour compenser les pertes. La coopération internationale et la recherche face aux maladies joueront donc un rôle clé pour l'avenir de ce légume-racine et la sécurité alimentaire de nombreuses populations.

FOCUS

Stimulé par la demande de produits alimentaires sans gluten, l'essor du manioc se poursuit au sein de l'Union européenne. Sa culture y étant peu répandue, le légume-racine provient en grande partie des approvisionnements extérieurs. Si les volumes restent encore faibles, les importations ont doublé en dix ans, passant de 28000 tonnes par an en moyenne entre 2012-2014 à 64000 tonnes entre 2022 et 2024. Ces achats sont issus principalement du Costa Rica (49 %) et de la Thaïlande (15 %). Face à la hausse de la demande, la France misera-t-elle davantage sur cette production, réalisée aujourd'hui uniquement dans les départements d'outre-mer (24000 tonnes, dont 59 % en Guyane et 35 % à Mayotte) ? Si le manioc est le deuxième légume le plus produit dans ces territoires, où il contribue à la sécurité alimentaire, il devra faire face à l'expansion des maladies, qui pourraient affecter durablement la production.

À RETENIR

Bien implanté en Amérique du Sud, en Asie et en Afrique, où il joue un rôle clé pour l'alimentation et l'industrie, le manioc est un aliment stratégique, qui figure parmi les légumes les plus échangés au monde. Il pourrait également se répandre en Europe et en Amérique du Nord en raison de ses propriétés culturales (capacité à pousser dans des sols pauvres, résistance aux sécheresses et aux ravageurs – organismes, souvent rongeur, oiseau ou insecte, qui créent des dommages aux cultures agricoles) et culinaires (farine sans gluten).

MANIOC : UNE PLANTE AMAZONIENNE QUI A CONQUIS L'ASIE ET L'AFRIQUE

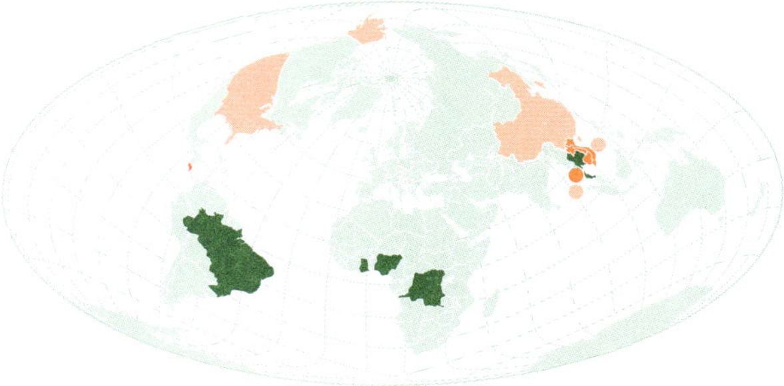

5 PRINCIPAUX PRODUCTEURS
(EN MILLIONS DE TONNES, MOYENNE ANNUELLE 2022-2024)

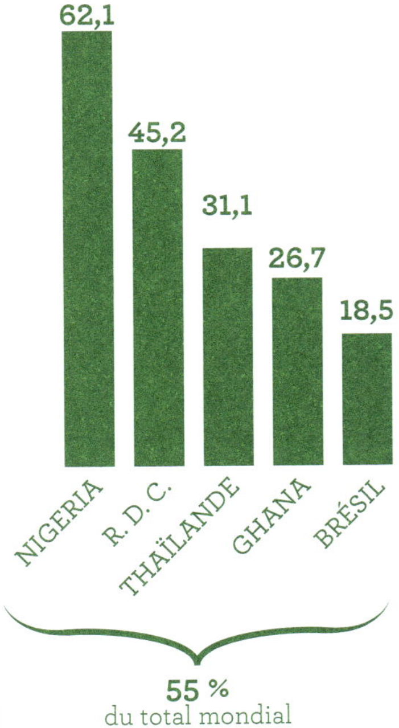

5 PRINCIPAUX EXPORTATEURS
(EN MILLIONS DE TONNES, MOYENNE ANNUELLE 2022-2024)

5 PRINCIPAUX IMPORTATEURS
(EN MILLIONS DE TONNES, MOYENNE ANNUELLE 2022-2024)

FICHE 4 | Anaïs Marie

CAROTTE : LA POPULAIRE

Objet de croyances (rendre aimable ou améliorer la vision nocturne), la carotte est un légume populaire qui a su gagner les cuisines et les assiettes.

ALIMENT DE BASE, AU CŒUR DU COMMERCE MONDIAL

Riche en vitamines A, B, C et K, en calcium, en fer, en potassium, en magnésium, en antioxydants, la carotte est un aliment sain réputé pour ses nombreux bienfaits – réduction du risque de maladies cardiaques et de cancers, stimulation du système immunitaire, protection des yeux, de la peau, des cheveux et des dents… Elle est actuellement cultivée dans plus de 130 pays. L'ancêtre sauvage de la carotte provient d'Asie Mineure, région qui correspondrait aujourd'hui à l'Afghanistan et à une partie de l'Iran. Comme de nombreuses autres cultures, la carotte s'est progressivement diffusée vers l'ouest au gré des déplacements de populations. À l'origine violet, blanc, jaune ou rouge, mais aussi plus amer et fibreux, ce légume-racine a davantage séduit les consommateurs européens vers le XVIIe siècle lorsqu'il a obtenu sa couleur orange, son goût sucré et sa chair tendre, qui contribuent encore à son succès. Ses utilisations variées – crue, cuite, mixée, râpée, congelée, en gâteau… – en font un aliment de base de nombreux plats à travers le monde : carottes glacées aux États-Unis, porkkanalaatikko finlandais, bœuf bourguignon ou potée aux choux en France, *carrot cake* en Grande-Bretagne… L'attrait pour ce légume traverse les frontières et ne cesse de croître, en témoigne

> **Plus du tiers** des exportations mondiales de carottes en volume sont réalisées par l'UE, vers des États membres pour plus de 90 % de ces ventes.

l'appétit des consommateurs nord-américains et européens pour les minicarottes – carottes coupées, lavées, pelées et polies pour leur donner cet aspect, inventées en Californie pour favoriser la vente du légume – ou la salade de carotte épicée à la coréenne (morkovcha) rendue virale sur TikTok début 2025.

Ce légume bénéficie d'une croissance soutenue et continue. La production a été multipliée par deux depuis le début du siècle, passant de 22 millions de tonnes (Mt) à 45 Mt en 2024. La Chine s'impose comme leader de ce segment, réalisant à elle seule 42 % des volumes mondiaux (contre 25 % début 2000), loin devant l'Union européenne (10 %) et l'Ouzbékistan (8 %). Toutefois, ce dernier pays enregistre lui aussi une progression spectaculaire, ses cultures ayant été multipliées par 10 en vingt ans. L'Ouzbékistan est le premier producteur de fruits et légumes d'Asie centrale : les carottes représentent un tiers de sa production de légumes et jouent un rôle clé pour les pays qui en dépendent (Kirghizistan, 47 % des volumes vendus, Kazakhstan, 34 %, Russie, 15 %). D'autres États misent de plus en plus sur le développement de la culture et des exportations de carottes, comme l'Égypte, troisième producteur du continent africain, derrière l'Algérie et le Maroc. En misant sur des investissements logistiques, l'expansion de ses cultures dans le désert et grâce à des coûts de production moins élevés que ses concurrents, le pays a augmenté ses exportations et diversifié ses partenaires. Alors que 88 % des ventes égyptiennes de carottes en 2022 étaient destinées à la Russie, celles-ci sont passées à 42 % en 2024, au profit de pays de l'Union européenne, notamment la Pologne (10 %), les Pays-Bas (10 %) et la Slovénie (9 %). Malgré cette dynamique positive pour les carottes, les défis climatiques pourraient rebattre les cartes.

LA DURABILITÉ SCRUTÉE FACE AU CHANGEMENT CLIMATIQUE

Les carottes ont besoin d'un sol meuble et d'humidité constante pour pousser. Or, l'imprévisibilité et l'intensification d'événements climatiques (fortes pluies, températures élevées, salinité des sols) peuvent perturber la croissance de ce légume. De plus, les sécheresses augmentent les besoins en irrigation et pourraient pénaliser les producteurs n'y ayant pas accès, comme l'Ouzbékistan, l'un des pays les plus arides d'Asie centrale, qui connaît déjà une forte dépendance hydrique. Face à ces enjeux, les chercheurs redoublent d'efforts pour adapter les carottes à ces nouvelles conditions de production avec, par exemple, des croisements effectués avec des carottes sauvages pour qu'elles puissent pousser dans des sols salés, chauds et secs, mais qui ne seront pas disponibles avant une dizaine d'années. Enfin, l'utilisation de nouvelles technologies, ayant permis par exemple l'impression d'une carotte 3D à partir de cellules végétales cultivées artificiellement par deux étudiants à Doha au Qatar en 2023, pourrait ouvrir la voie à de nouvelles solutions pour que la carotte continue d'être présente sur les tables du monde demain.

FOCUS

Avec 9 kilos par an, la carotte est le deuxième légume le plus consommé par les ménages français derrière les tomates (hors pommes de terre). Disponible toute l'année et bon marché (2,30 euros le kilo en moyenne entre juin 2022 et juin 2024 en agriculture conventionnelle contre 5,80 euros pour les haricots verts par exemple), la carotte séduit les consommateurs. Cultivée en terre ou sur terrains sableux pour certaines variétés, la carotte est le deuxième légume le plus produit dans l'Hexagone (647 000 tonnes par an en moyenne entre 2022 et 2024), et le pays se classe au deuxième rang des producteurs de l'Union européenne, derrière l'Allemagne. Malgré le dynamisme des filières européenne et française, le secteur des carottes devra faire face aux enjeux de durabilité, notamment au regard de l'interdiction des emballages plastiques à usage unique pour les fruits et légumes non transformés.

À RETENIR

Aliment populaire à la base de divers plats dans le monde, la carotte joue un rôle clé dans de nombreux autres secteurs, comme l'industrie cosmétique, la pharmacie et la production de pigments pour des teintures naturelles. Si les volumes produits sont assez stables depuis 2008, l'avenir des carottes sera conditionné à l'adaptabilité des pays face au changement climatique, notamment les sécheresses, qui augmentent le besoin en irrigation.

CAROTTE, LÉGUME SANS FRONTIÈRES*

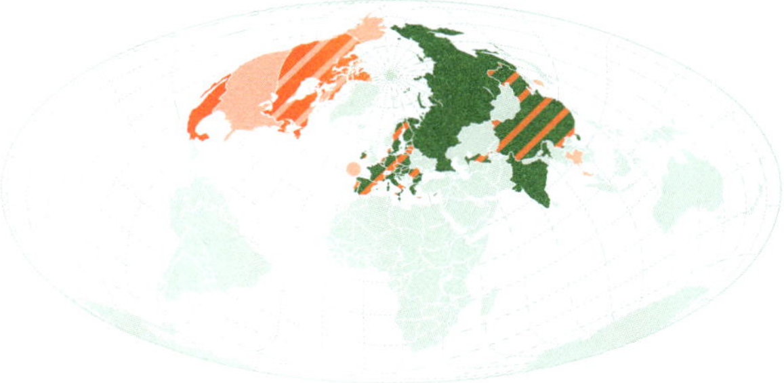

5 PRINCIPAUX PRODUCTEURS
(EN MILLIONS DE TONNES, MOYENNE ANNUELLE 2022-2024)

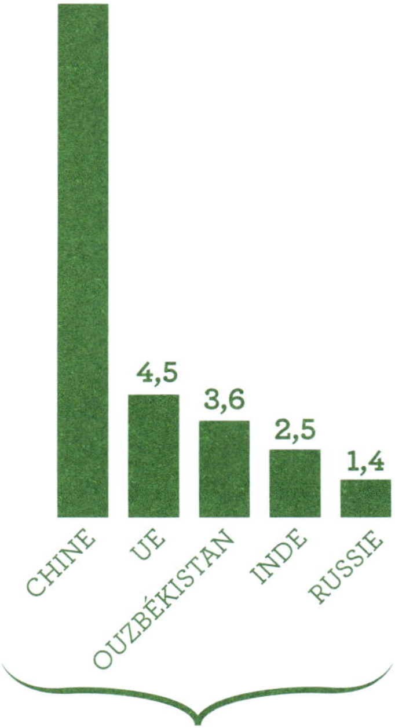

70 %
du total mondial

*navets compris

5 PRINCIPAUX EXPORTATEURS
(EN MILLIONS DE TONNES, MOYENNE ANNUELLE 2022-2024)

78 %
du total mondial

5 PRINCIPAUX IMPORTATEURS
(EN MILLIONS DE TONNES, MOYENNE ANNUELLE 2022-2024)

70 %
du total mondial

FICHE 5 | Diane Mordacq

CHOU : L'ALICAMENT

Comptine, légende, surnom, le mot « chou » est associé à un large éventail de références au quotidien. Mais qu'en est-il dans nos assiettes ?

VICTIME DE DÉSINTÉRÊT

Avec 102 millions de tonnes produites en 2024, le chou était le huitième légume le plus cultivé au monde (quatrième si les racines et tubercules sont exclues). Parmi les producteurs, la Chine et l'Inde se démarquent particulièrement (46 % et 20 % de la production) tandis que les suivants, avec en tête la Russie, la Corée du Sud et les États-Unis, en produisent individuellement moins de 3 %. Avec plus de 100 variétés commercialisées, le chou est divisé en deux sous-catégories, celle des choux « têtes » qui comprend chou vert, chou blanc, chou rouge, chou frisé… (74 % de la production annuelle en moyenne sur 2022-2024) et celle des choux « fleurs » qui comprend choux-fleurs, choux romanesco, brocolis… (26 % de la production annuelle en moyenne sur 2022-2024). Entre 2000-2002 et 2022-2024, alors que la population mondiale a augmenté de 33 %, la production totale de choux a augmenté en moyenne de 15 % par an, les choux « fleurs » connaissant une hausse de 64 % contre 4 % pour les choux « têtes ». Cette tendance est contraire à ce qui s'observe sur le marché français, pour lequel la production de choux « fleurs » (plus de la moitié de la production nationale) a baissé de 52 %, soit plus rapidement que celle de choux « têtes » (18 %).

NÉCESSAIRES ADAPTATIONS

Si acheter un chou frais pour le manger cru ou le cuisiner maison peut paraître désuet (bien que le légume regagne actuellement une place de choix dans les menus de restaurants, en atteste l'article de septembre 2025 du *New York Time* intitulé « London's Sexiest Produce Star Is a Cabbage »), certaines formes transformées de ce légume profitent d'un attrait important. Parmi les déclinaisons tendances figure une version sans gluten de pâte à pizza à base de chou-fleur. Lancée aux États-Unis en 2016, la marque Caulipower s'est imposée sur ce créneau et représente aujourd'hui environ 3 % du total des ventes de pizzas surgelées dans le pays. Mais c'est surtout sous forme fermentée que le choux fait parler de lui : en effet, elle est riche en lactobacilles qui améliorent l'assimilation des nutriments, participent à la synthèse de la vitamine B12 indispensable au système nerveux et à la circulation sanguine (des carences peuvent apparaître dans les régimes végétariens), facilitent la détoxication des aliments et allègent le travail digestif. Le *kimchi*, aliment fermenté épicé sud-coréen, a vu ses exportations doubler en dix ans, pour atteindre 47 100 tonnes en 2024 (163 millions de dollars, 3,4 dollars/kg). Le pays importait en parallèle 312 000 tonnes de *kimchi* bon marché (190 millions de dollars, 0,6 dollar/kg), principalement de Chine et à destination de la restauration hors domicile, signe que le renforcement de son *soft power* alimentaire n'est pas antinomique avec l'augmentation des importations.

> 100 grammes de chou frisé, brocoli, chou de Bruxelles contiennent respectivement 145 mg, 90 mg et 85 mg de vitamine C, plus que dans l'orange (53 mg).

Culture adaptée aux climats tempérés et nécessitant un apport en eau régulier, la production de choux s'est historiquement ancrée, en Europe, au nord et à l'est. Néanmoins, c'est aujourd'hui l'Espagne qui en est le premier producteur (943 000 tonnes par an en moyenne sur 2022-2024, dont 70 % de choux « fleurs » et 30 % de choux « têtes »), devant la Pologne (853 000 tonnes par an en moyenne sur 2022-2024, 77 % et 23 %) et l'Allemagne (800 000 tonnes par an en moyenne sur 2022-2024, 16 % et 84 %). La combinaison de conditions naturelles favorables (météo douce, stable et ensoleillée en hiver), d'investissements matériels (plus de 85 % des surfaces de choux sont irriguées contre 10 % en France) et d'une main-d'œuvre disponible et peu chère (coût inférieur de 36 % à celui observé en France) a conduit au succès de l'Espagne. Sa production concurrence celle de l'Hexagone. Mais elle lui est aussi complémentaire car elle permet de satisfaire la demande des consommateurs lors de creux de production. Ainsi, le brocoli est cultivé l'été en France et l'hiver en Espagne. Outre des difficultés structurelles d'exploitation (pénibilité du travail, rareté de la main-d'œuvre, faible rentabilité) qui fragilisent la production française, cette dernière, comme celle d'autres pays producteurs, est confrontée au changement climatique, dont les impacts oscillent entre chaleurs (croissance ralentie au-dessus de 25 °C), sécheresses (système racinaire court qui limite l'accès à l'eau et aux nutriments) et précipitations abondantes (système racinaire asphyxié, humidité des feuilles propices à la pourriture). Si des ajustements au niveau des variétés, du calendrier cultural et de la gestion de l'eau sont à l'œuvre, le producteur doit dompter une dernière variable, pas moins déterminante : les consommateurs.

FOCUS

L'année 2025 a marqué l'entrée de la choucroute au Concours général agricole du Salon international de l'agriculture de Paris. Il est le premier légume à y être inscrit. Cette reconnaissance met en valeur une filière composée de 76 producteurs et 13 transformateurs, dont le chiffre d'affaires consolidé atteignait 45,4 millions d'euros en 2023. Après une fermentation d'une durée de deux semaines à deux mois, simplement initiée par du sel, les 60600 tonnes de chou pommé récoltées sur 755 hectares ont été transformées en 38050 tonnes de choucroute, vendues à 63 % cuites, 28 % crues et 9 % conditionnées en conserve (respectivement 67000 et 50000 tonnes de produit fini en Allemagne et Pologne cette même année). Alors que les aliments fermentés gagnent les assiettes, la France parviendra-t-elle à rendre tendance sa choucroute, comme a réussi à le faire la Corée du Sud avec le *kimchi* ?

À RETENIR

Alors qu'il est le quatrième légume le plus cultivé au monde (racines et tubercules exclues), l'augmentation de la production du chou est principalement tirée par les variétés de choux « fleurs ». Riche en vitamines, minéraux, fibres et antioxydants, le chou a pourtant tout pour plaire, d'autant plus lorsqu'il est associé aux pouvoirs de la fermentation, comme dans le *kimchi* et la choucroute. Cet alicament, aux bénéfices reconnus, mérite une consommation accrue, tout en nécessitant une adaptation de ses modes de production face aux contraintes du changement climatique.

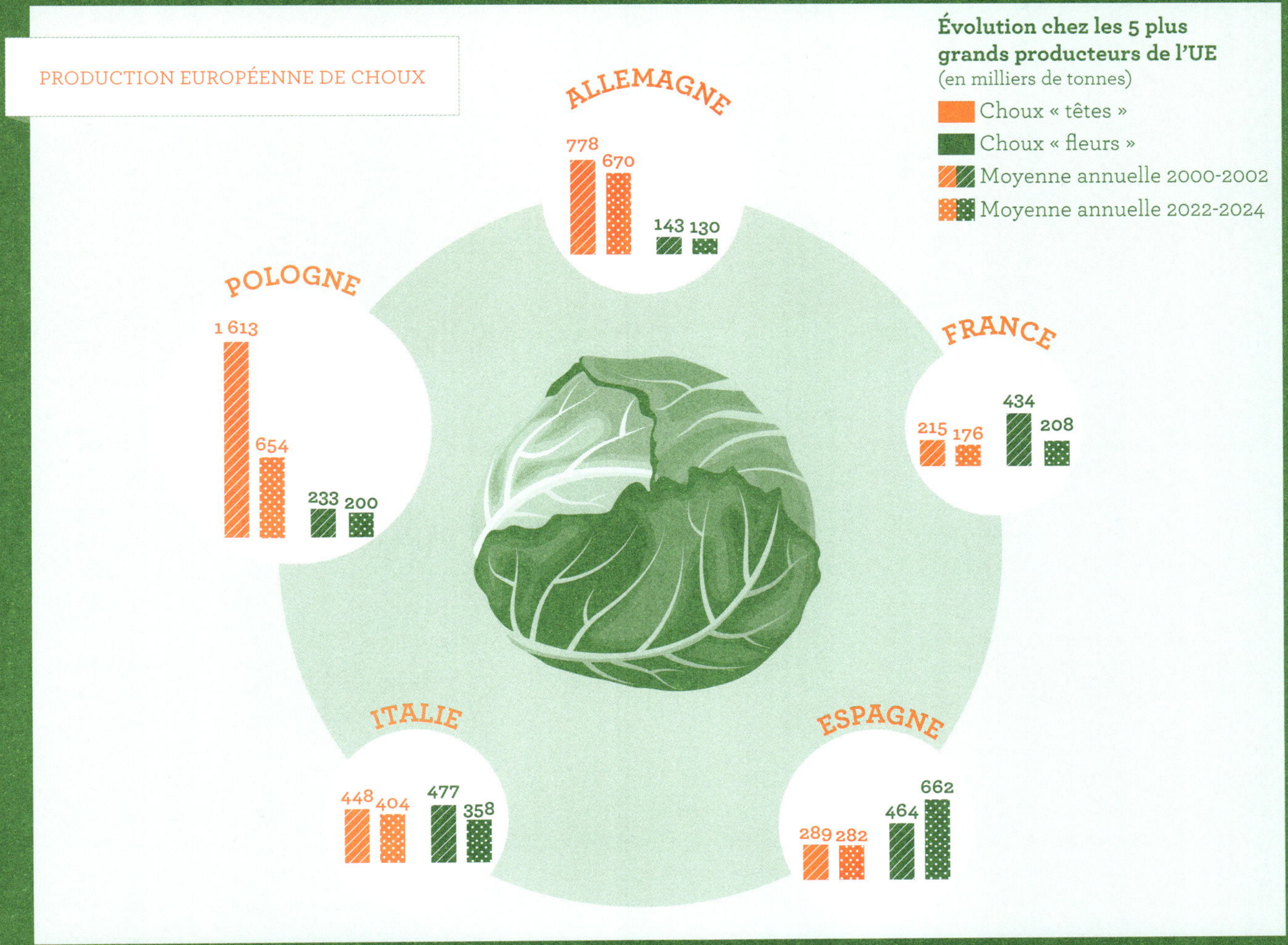
PRODUCTION EUROPÉENNE DE CHOUX
Évolution chez les 5 plus grands producteurs de l'UE
(en milliers de tonnes)
Choux « têtes »
Choux « fleurs »
Moyenne annuelle 2000-2002
Moyenne annuelle 2022-2024
ALLEMAGNE
778
670
143
130
POLOGNE
1 613
654
233
200
FRANCE
215
176
434
208
ITALIE
448
404
477
358
ESPAGNE
289
282
464
662

FICHE 6 | Anaïs Marie

POIS CHICHE : LE PARI

La croissance de la demande en protéines alternatives à la viande remet toute la lumière sur les pois chiches, largement appréciés à travers le monde. S'ils séduisent pour leurs atouts nutritifs et environnementaux, de grands enjeux se cachent derrière ces « petits » pois de plus en plus prisés.

UNE LÉGUMINEUSE PLÉBISCITÉE

Les pois chiches font partie de la grande famille des légumineuses – plantes dont le fruit est une gousse – aux côtés des lentilles, des haricots, des fèves, des pois ou de la féverole (soja non inclus), dont les graines sont comestibles par les humains. Domestiqués environ sept mille ans avant J.-C. et originaires de Turquie et du Proche-Orient, les pois chiches se sont ensuite diffusés vers l'Asie, le sud de l'Europe et le nord de l'Afrique. Ils figurent aujourd'hui comme la deuxième légumineuse la plus produite à travers la planète, avec 17 % des volumes globaux, derrière les haricots (31 %). Cette culture est fortement dominée par l'Inde qui réalise à elle seule les trois quarts de la production mondiale, loin devant l'Australie (7 %). Les pois chiches séduisent les consommateurs en raison de leurs qualités nutritionnelles – protéines, amidon, fibres, minéraux, vitamines B, fer, antioxydants… Cette légumineuse populaire constitue un aliment de base de nombreux plats et se retrouve dans les assiettes à travers le globe sous forme entière (couscous, ragoût…), décortiquée cassée (dahl, purée) ou transformée (houmous, falafels, galettes, snacks, beignets…).

> À eux trois, le Pakistan, l'Inde et la Turquie représentent plus de la moitié des importations mondiales de pois chiches, avec 1 Mt.

L'augmentation de la demande pour les protéines végétales comme alternatives à la viande renforce l'intérêt pour les pois chiches. La production mondiale a ainsi doublé depuis le début du siècle pour atteindre 16,9 millions de tonnes (Mt) en 2024.

À LA CROISÉE DE PLUSIEURS ENJEUX

Comme pour de nombreux produits agricoles et alimentaires stratégiques et mondialisés, le marché mondial des pois chiches est sensible aux chocs extérieurs. Un aléa dans un pays (producteur, exportateur ou importateur) aura des répercussions sur les autres acteurs impliqués dans le marché. Cette dynamique s'observe particulièrement en Asie, notamment en Inde – première population mondiale – et au Pakistan – quatrième population. De fait, malgré sa position de premier producteur, l'Inde dépend des importations pour satisfaire les besoins de son 1,46 milliard d'habitants et influence donc les flux d'exportation, en augmentant par exemple ses achats en cas de mauvaise production ou au contraire en les réduisant pour protéger ses agriculteurs. La suppression des droits d'importation indiens sur les pois chiches entre mai 2024 et avril 2025 pour compenser les faibles rendements causés par les aléas météorologiques a ainsi permis à l'Australie de conforter sa place de premier exportateur mondial. Le pays a vu ses ventes de pois chiches doubler en un an, atteignant 1,6 Mt en 2024 (destinés à 67 % à l'Inde, contre 1 % en 2023) pour un montant de 1,1 milliard de dollars.

Le commerce de pois chiches peut également être affecté par les désaccords politiques ; en témoignent les sanctions économiques et financières appliquées contre Moscou depuis le début de la guerre en Ukraine. Afin de contourner ces sanctions, la Russie et le Pakistan, respectivement deuxième exportateur et premier importateur mondial de cette légumineuse, ont eu recours à une méthode ancestrale, le troc : des lentilles et des pois chiches contre des mandarines, du riz et des pommes de terre.

La légumineuse fait aussi l'objet de batailles culturelles à travers le houmous, plat à base de purée de pois chiches et de pâte de sésame, à la popularité croissante et dont l'origine est revendiquée par huit pays du Moyen-Orient. Israël et le Liban rivalisent particulièrement d'ingéniosité pour témoigner de leur légitimité, entre course au plus grand houmous pour le *Guinness Book of Records*, journée internationale du houmous (13 mai) fondée par une entreprise israélienne… Plus que de simples faits anecdotiques, ces exemples illustrent la manière dont un plat simple peut devenir un symbole culturel et un outil de la gastro-diplomatie.

Enfin, les atouts des pois chiches face au changement climatique – ils nécessitent de la chaleur mais peu d'eau, poussent dans des sols pauvres, fixent l'azote atmosphérique dans le sol améliorant ainsi la fertilité des terres… – pourraient contribuer demain à accroître l'importance stratégique de cette légumineuse et donc les enjeux politiques, commerciaux et culturels qui l'entourent.

FOCUS

La production de pois chiches de l'Union européenne (UE) a plus que doublé en dix ans, passant de 71 Mt sur la campagne 2014/2015, à 175 Mt en 2024/2025. Mais celle-ci reste insuffisante face à une consommation qui a elle aussi augmenté et qui atteint aujourd'hui 304 Mt. De fait, cette légumineuse est devenue incontournable, notamment sous forme de houmous et falafel, ou transformée dans les galettes et jambons végétaux. L'UE est le quatrième importateur mondial et dépend pour cela principalement du Canada (15 %), de la Turquie et du Mexique (14 % chacun), puis des États-Unis (12 %).
Encore faible, la culture de pois chiches se développe progressivement en France et s'étend sur 28 000 hectares, contre 8 000 en 2013, notamment en Nouvelle-Aquitaine et en Occitanie. Si la légumineuse est utilisée dans des recettes traditionnelles françaises comme les panisses de Provence, ses usages se diversifient, avec, par exemple, la bière aux pois chiches produite à Nice, qui a reçu la médaille du World Beer International en 2020.

À RETENIR

Aliment de base pour de nombreuses populations, notamment en Asie et au Moyen-Orient, et star des apéritifs et des régimes végétaliens, les pois chiches sont au cœur d'enjeux économiques, politiques et culturels qui dépassent nos assiettes. Quelques pays soufflent le chaud et le froid sur le commerce mondial de cette légumineuse stratégique, qui pourrait être demain encore davantage convoitée dans un contexte d'adaptation au changement climatique et de végétalisation des régimes alimentaires.

POIS CHICHES : CAP À L'EST

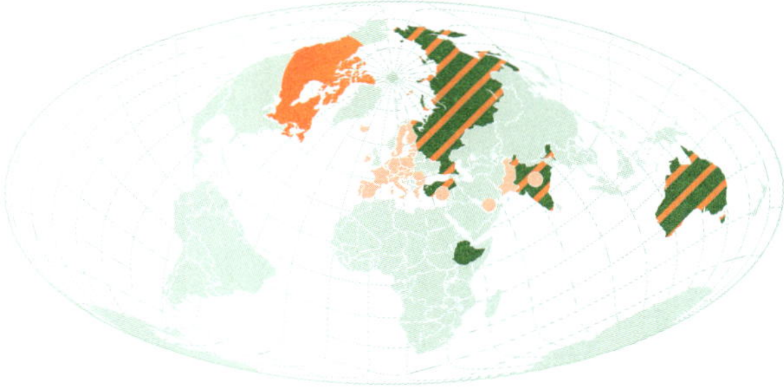

5 PRINCIPAUX PRODUCTEURS
(EN MILLIERS DE TONNES,
MOYENNE ANNUELLE 2022-2024)

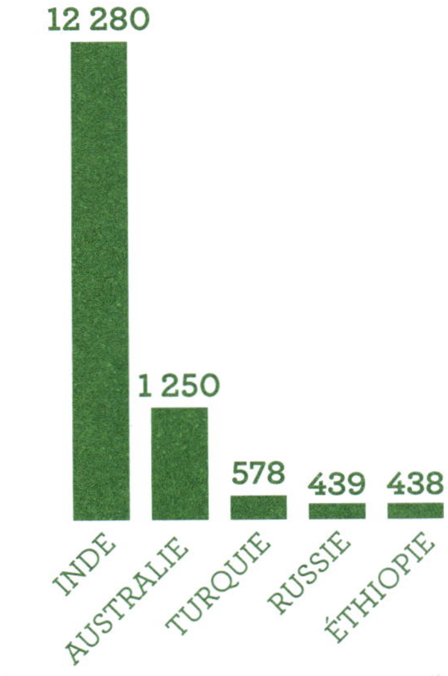

89 %
du total mondial

5 PRINCIPAUX EXPORTATEURS
(EN MILLIERS DE TONNES,
MOYENNE ANNUELLE 2022-2024)

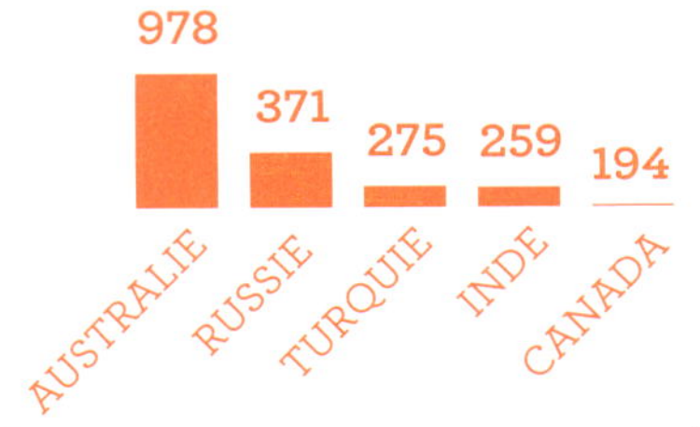

77 %
du total mondial

5 PRINCIPAUX IMPORTATEURS
(EN MILLIERS DE TONNES,
MOYENNE ANNUELLE 2022-2024)

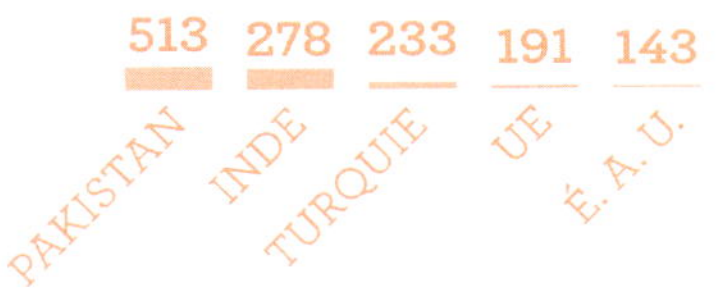

70 %
du total mondial

FICHE 7 | Claire de Marignan

CHAMPIGNON : LE SOUTERRAIN

Les champignons comestibles, cultivés (*Agaricus, Pleurotus, Lentinula...*) ou issus de la cueillette (bolets, truffes, morilles), forment aujourd'hui un marché agricole global pesant plus de 48 millions de tonnes (Mt) par an selon l'Organisation des Nations unie pour l'alimentation et l'agriculture (FAO). C'est l'un des secteurs alimentaires les plus dynamiques de ces trente dernières années : la production mondiale a été multipliée par treize depuis 1990. Cette expansion vertigineuse s'explique par la modernisation des systèmes de culture, la demande croissante de protéines végétales et la valorisation pharmaceutique de certaines espèces.

LA CHINE EN TÊTE

La Chine domine sans partage : elle produit environ 48,6 Mt de champignons, soit plus de 90 % de la production mondiale. Derrière ce quasi-monopole se dessine une véritable stratégie nationale. Dès les années 1980, Pékin a intégré le champignon dans ses plans de développement rural, comme produit à haute valeur ajoutée et à faible empreinte foncière. Le pays est aujourd'hui premier producteur, premier exportateur et premier consommateur mondial. Les principales zones de culture se situent dans le Fujian, le Henan et le Shandong, où la production de shiitake et de pleurotes s'est industrialisée à très grande échelle. Mais la domination chinoise tient aussi à la maîtrise du substrat agricole (copeaux de bois, paille, déchets de riz ou de coton...) et à la capacité d'intégrer la filière en aval : séchage, transformation, exportation. À l'inverse, les producteurs européens doivent composer avec un coût énergétique élevé et une réglementation environnementale stricte, notamment sur la tourbe utilisée pour le compost de culture.

Le reste du monde ne pèse qu'une fraction de ce total : le Japon (470 000 tonnes), l'Inde (347 000 t), les États-Unis (300 000 tonnes), la Pologne, les Pays-Bas, l'Espagne, le Canada, la Russie et la France complètent le classement mondial. Dans l'Union européenne, la production s'élève à environ 1 million de tonnes, dont les deux tiers sont destinés au marché du frais. La Pologne est devenue le premier fournisseur de champignons de l'Union européenne, devant les Pays-Bas et l'Espagne. Cette géographie traduit le déplacement du centre de gravité du marché : l'Europe occidentale, longtemps productrice, est devenue surtout importatrice.

Le champignon est un produit fragile et énergivore : il pousse en atmosphère contrôlée, à température stable et forte humidité. La crise énergétique de ces dernières années a donc profondément déstabilisé la filière européenne : en France, aux Pays-Bas et en Espagne, les coûts d'électricité ont parfois doublé, compromettant la rentabilité des petites unités. Certains pays ont mis en place des boucliers tarifaires agricoles pour éviter les fermetures.

LE ROI CHAMPIGNON

Le champignon est aujourd'hui un produit aux usages multiples, bien au-delà de l'alimentation. Sur le plan culinaire, il constitue une source de protéines végétales essentielle, notamment en Asie où le shiitake, le pleurote ou le champignon noir font partie du quotidien. Dans le domaine thérapeutique, plusieurs espèces comme le reishi (*Ganoderma lucidum*), le cordyceps ou le maitake sont utilisées depuis des siècles en médecine traditionnelle chinoise et japonaise pour renforcer l'immunité, réguler la tension artérielle ou réduire le stress oxydatif. La recherche occidentale explore aujourd'hui leurs propriétés antitumorales et anti-inflammatoires. En cosmétique, les extraits de champignons sont intégrés dans des soins hydratants et anti-âge grâce à leurs polysaccharides et antioxydants. Enfin, le mycélium ouvre des perspectives durables dans la fabrication de cuirs végétaux, d'emballages biodégradables ou de biomatériaux, faisant du champignon un acteur discret mais central de la bioéconomie mondiale.

> « Les champignons sont les esprits de la forêt, invisibles sous terre mais maîtres de la vie. »
>
> *Paul Stamets, mycologue américain*

Autre exemple : le yarsagumba (*Ophiocordyceps sinensis*), qui occupe une place primordiale dans l'économie et la culture asiatiques. Parasitant la larve d'un papillon, il ne pousse qu'en haute altitude au Tibet, au Népal, en Inde et au Bhoutan. L'« or de l'Himalaya » est recherché pour ses vertus aphrodisiaques, toniques et immunostimulantes, reconnues par la médecine traditionnelle chinoise et tibétaine. Son prix peut atteindre 115 000 euros le kilo sur le marché chinois, alimentant un commerce transfrontalier souvent informel et source de tensions économiques et sociales dans les régions de collecte.

FOCUS

Paris, 1811. Un maraîcher cherchant à produire des champignons toute l'année sur son terrain, jette par dépit sa production infructueuse et son fumier dans une carrière de gypse abandonnée. Quelques mois plus tard, il découvre que les champignons y poussent en nombre grâce à la température constante ainsi qu'à l'air frais et légèrement humide qui y circule : il a créé les conditions idéales d'une culture à grande échelle. La nouvelle s'ébruite rapidement, les cultivateurs de la région s'inspirent de cette technique nouvelle et produisent en masse des champignons dans les carrières parisiennes. Le champignon de Paris est né. En 1895, la construction du métro impose e réaménagement des carrières et donc de déplacer les cultures. Celles-ci sont alors délocalisées dans le Val de Loire, car les carrières de craie y offrent les conditions idéales de culture. Aujourd'hui, 70 % de la production française de champignons de Paris provient de cette région.

À RETENIR

Le champignon est un produit qui illustre parfaitement les asymétries mondiales de production et de consommation. La Chine domine largement le marché mondial, produisant plus de 90 % des volumes, tandis que l'Europe et l'Amérique du Nord restent importatrices. La filière est sensible à l'énergie, aux intrants et aux tensions commerciales. Et, au-delà de l'alimentation, elle joue un rôle stratégique dans la médecine traditionnelle, la cosmétique et les biomatériaux.

LE COMMERCE JUTEUX DU CHAMPIGNON

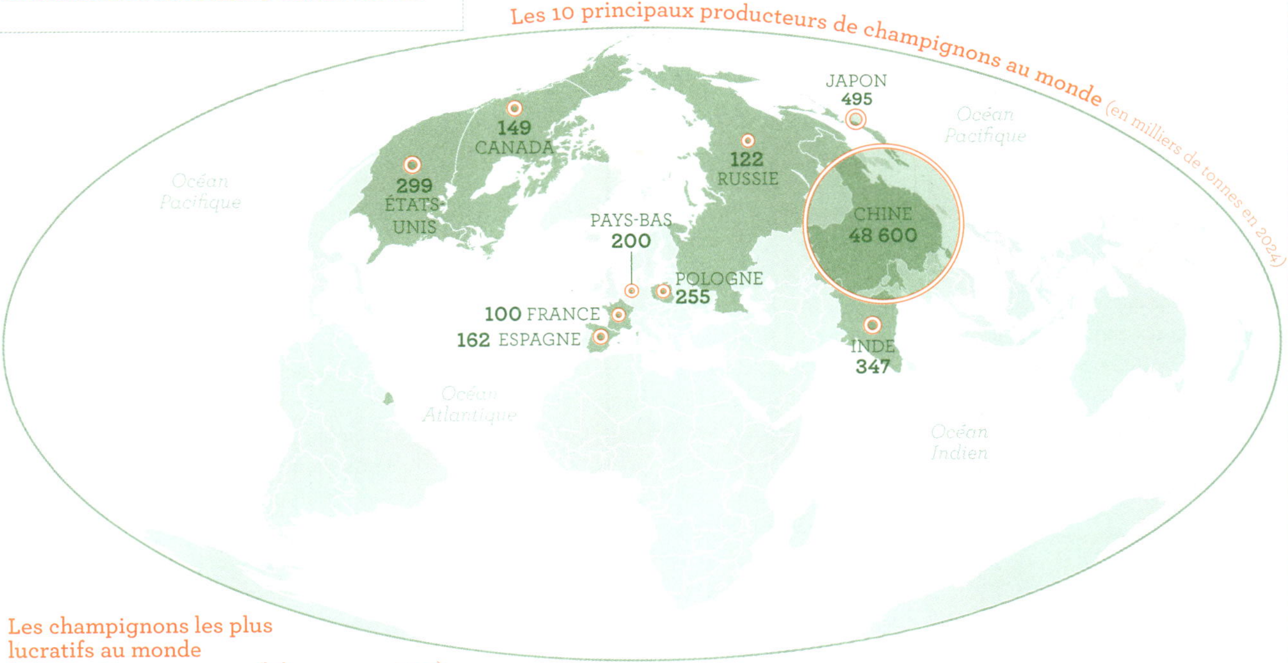

Les champignons les plus lucratifs au monde

(coût maximum en euros/kilogramme, 2023)

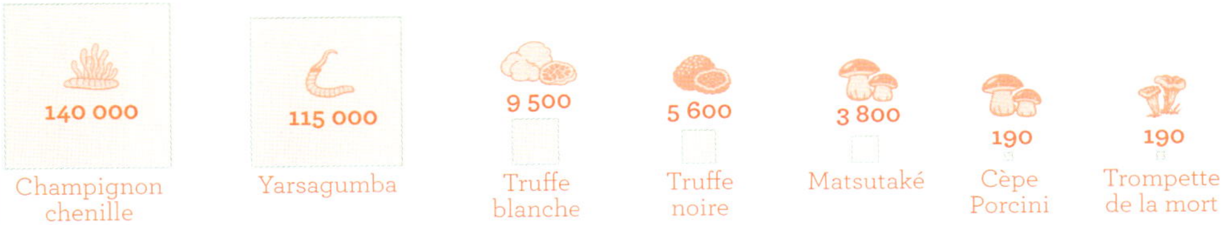

FICHE 8 | Anissa Bertin

OIGNON, AIL : L'ARME À L'ŒIL

Produits ordinaires par excellence, l'oignon et l'ail occupent une place centrale dans les équilibres alimentaires mondiaux. Consommés partout, toute l'année, mais inégalement produits et stockés, ces bulbes concentrent des enjeux clés de pouvoir et de stabilité sociale.

L'OIGNON, UN BAROMÈTRE SOCIAL

Cru ou cuit, frais ou déshydraté, l'oignon relève les plats les plus simples de toutes les cuisines du monde. Cette banalité apparente est précisément ce qui en fait un produit politiquement sensible : indispensable, peu substituable et acheté brut par tous. Il existe sous deux formes clés : l'oignon primeur, consommé localement, et, surtout, l'oignon de garde, récolté à maturité, séché puis stocké plusieurs mois. C'est ce dernier qui structure le marché mondial. Grâce au stockage longue durée, aux décalages de saisons entre hémisphères et aux importations, l'oignon est disponible toute l'année – un équilibre en réalité fragile. Sensible aux aléas climatiques et aux maladies, l'oignon dépend surtout d'infrastructures de conservation performantes : séchage après récolte, stockage ventilé ou réfrigéré, contrôle de l'humidité et logistique continue. Ces installations, consommatrices d'énergie et de capital, déterminent largement l'accès au marché. Le pouvoir ne réside donc pas seulement dans la production mais dans la maîtrise des flux. Les Pays-Bas l'illustrent : producteurs modestes à l'échelle mondiale, ils sont pourtant le deuxième exportateur, à hauteur de plus de 95 % de leur production, grâce à une logistique portuaire performante autour d'Amsterdam et de Rotterdam.

Peu transformé, l'oignon voit toute hausse de prix se répercuter immédiatement dans le panier alimentaire. En Inde, l'« *onion inflation* » est un sujet électoral récurrent ; des flambées de prix ont contribué à la chute de gouvernements locaux depuis les années 1980.

Désormais, l'État intervient au moindre choc : interdictions d'exportation, taxes, stocks stratégiques. Avant les élections générales de 2024, le gouvernement de Narendra Modi a ainsi restreint les exportations, ce qui a contracté l'offre mondiale. Les effets ont été immédiats dans les pays dépendants, comme le Bangladesh, où la flambée des prix a déclenché manifestations et ventes subventionnées. Partout où l'oignon est un aliment du quotidien, la moindre perturbation devient politique. Aux Philippines, après des typhons dévastateurs, la pénurie d'oignons a nourri des réseaux de contrebande. En Corée du Sud, en 2024, une déclaration présidentielle sur le prix des oignons verts a suffi à en faire un symbole de contestation politique.

L'AIL, ENTRE SOUVERAINETÉ ALIMENTAIRE ET DÉPENDANCE

L'ail porte une forte charge culturelle, notamment en Europe. Contrairement à l'oignon, sa valeur repose moins sur le volume que sur la qualité, l'origine et la différenciation. Blanc, rose, violet, fumé ou noir… il se décline en une multitude de variétés et de labels. Mais derrière cette diversité se cache une réalité très concentrée. Le marché mondial de l'ail est dominé par un acteur unique, la Chine, qui concentre plus de 70 % de la production mondiale et près de 80 % des exportations, avec une production annuelle dépassant les 20 millions de tonnes.

> Plus de sept têtes d'ail sur dix sont produites en Chine. Toute variation de sa politique agricole ou commerciale se répercute immédiatement à l'échelle globale.

En France, la production reste modeste – environ 30 000 tonnes – portée par six signes officiels de qualité (AOP, IGP, Label rouge), protégeant l'origine et les méthodes de production, une concentration rare pour un légume. Cette filière qualitative ne couvre toutefois qu'un peu plus de la moitié des besoins nationaux. À l'échelle européenne, l'Espagne donne le tempo du marché : avec plus de 260 000 tonnes produites en moyenne, elle écrase la concurrence, loin devant la France ou l'Italie. Mais le recul de ses surfaces, sous l'effet du changement climatique, des maladies et de la hausse des coûts, accentue les tensions sur l'offre et ouvre davantage le marché aux volumes chinois. Si l'Union européenne protège l'ail brut par des barrières douanières, l'ail déshydraté y échappe largement. Résultat : l'agro-industrie européenne dépend massivement des importations chinoises tandis que l'offre locale se contracte. Moins explosif politiquement que l'oignon, l'ail agit comme un révélateur silencieux des limites de la souveraineté alimentaire européenne.

FOCUS

À côté de l'oignon et de l'ail, l'échalote incarne une autre forme de pouvoir : celui de la norme. Peu mondialisée, consommée surtout en France et en Europe du Nord, elle ne pèse ni par les volumes ni par les prix, mais par sa reconnaissance réglementaire. Au cœur du débat se trouve une distinction technique décisive. L'échalote traditionnelle est issue d'un bulbe qui se divise dans le sol et requiert un travail largement manuel. À l'inverse, les variétés dites « d'échalote de semis », cultivées à partir de graines, relèvent en réalité de la catégorie des oignons. Plus productives, mécanisables et moins coûteuses, elles progressent dans la grande distribution européenne. Cette concurrence a ouvert une bataille réglementaire majeure : qu'est-ce qu'une échalote ? Derrière cette question se jouent la protection des indications d'origine et les arbitrages européens entre rendement, standardisation et défense des filières. En France, où l'échalote traditionnelle représente encore près de 90 % de la production, l'enjeu est central.

À RETENIR

Bulbes du quotidien, difficiles à substituer, l'oignon et l'ail concentrent des rapports de force alimentaires majeurs. L'oignon agit comme un baromètre social, surtout en Asie : la moindre hausse de prix déclenche crises politiques, restrictions commerciales et tensions régionales, imposant des stratégies coûteuses de stockage et de contrôle des flux. L'ail, moins visible mais hautement stratégique, révèle une autre réalité : si l'Europe protège son ail de terroir par des labels et des indications d'origine, son agro-industrie dépend largement des importations d'ail déshydraté chinois, omniprésent dans les produits transformés.

QUI PRODUIT ET QUI CONTRÔLE LES FLUX MONDIAUX D'OIGNON ET D'AIL ?

Alors que la production et les exportations d'oignons sont dispersées, l'Inde domine, mais les flux restent partagés et les Pays-Bas se positionnent comme deuxième exportateur malgré une production modeste.
L'ail illustre l'inverse : la Chine concentre plus de 70 % de la production et près de 80 % des exportations, révélant une dépendance mondiale marquée.

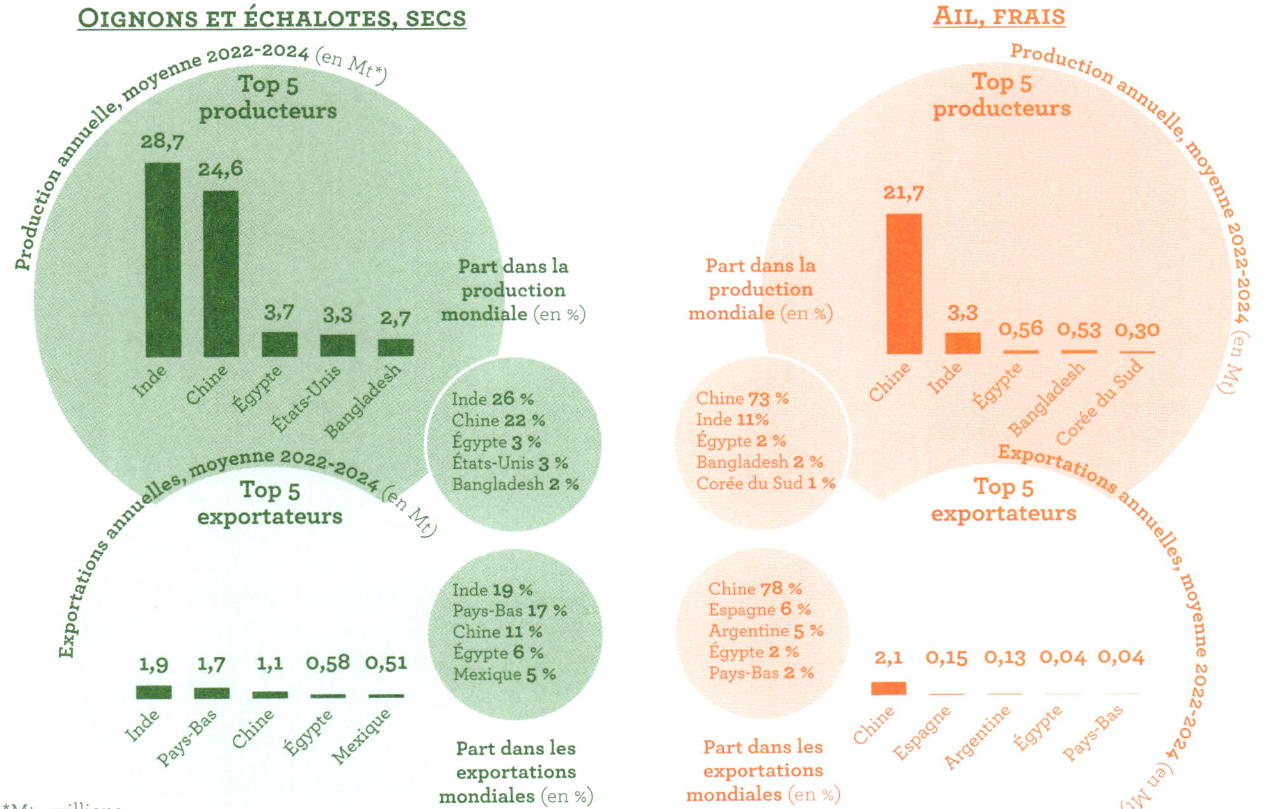

*Mt : millions de tonnes

FICHE 9 | Claire de Marignan

PLANTES AROMATIQUES : LA MODE

Derrière le caractère apparemment superflu du basilic, de la coriandre ou de la menthe, que nous retrouvons régulièrement dans nos assiettes, se cache une économie mondiale plutôt complexe. Le marché mondial des plantes aromatiques connaît une croissance soutenue, portée par une demande accrue, notamment dans le secteur alimentaire. À travers le monde, les épices telles que le poivre noir, la cannelle, le curcuma et le gingembre dominent ce marché, utilisées pour leurs propriétés gustatives et pour leurs bienfaits pour la santé. La tendance croissante vers une alimentation saine et naturelle stimule la demande pour ces produits.

LE SUD PRODUIT, LE NORD TRANSFORME ET COMMERCIALISE

Les régions d'Asie-Pacifique, notamment l'Inde et la Chine, sont des producteurs majeurs, tandis que l'Europe et l'Amérique du Nord représentent des marchés consommateurs significatifs. La chaîne d'approvisionnement de ces plantes est complexe, ce qui implique des défis en matière de qualité, de traçabilité et de durabilité. Les initiatives visant à promouvoir des pratiques agricoles durables et le commerce équitable se développent pour répondre aux préoccupations éthiques et environnementales des consommateurs.

Leur circulation traduit une géographie bien connue : les pays du Sud produisent, ceux du Nord transforment et commercialisent. L'Égypte, le Maroc, l'Inde et la Turquie dominent les cultures de menthe, de coriandre ou de thym, souvent exportés séchés ou congelés. L'Europe et l'Amérique du Nord, quant à elles, concentrent la transformation, la certification et le marketing, captant ainsi la plus grande part de la valeur ajoutée.

« *SOFT POWER* AROMATIQUE »

Au-delà du commerce, c'est une diplomatie du goût qui entre en jeu. Chaque pays ou région mobilise ses plantes comme un marqueur identitaire : qui dit basilic, dit Italie ; qui pense persil, pense aux pays méditerranéens, et la coriandre est indissociable de l'Asie du Sud. Ces produits véhiculent des récits culturels, entre authenticité et appropriation. Le « *soft power* aromatique » devient un véritable outil d'influence. Ainsi, quand le Maroc met en avant ses herbes séchées certifiées bio, il valorise une agriculture durable conforme aux standards européens. L'Inde, de son côté, revendique son titre de « jardin du monde », combinant tradition ayurvédique et conquête des marchés alimentaires. Même la Chine, longtemps centrée sur les plantes médicinales, s'impose désormais dans le secteur des herbes culinaires à bas coût, occupant les rayons de la grande distribution mondiale.

Sur le Vieux Continent, la consommation de plantes aromatiques s'intensifie : basilic pour les sauces, menthe pour les infusions, coriandre pour la cuisine relevée.

> En 2024, le marché mondial des herbes et épices est estimé à 184 milliards de dollars, une projection de croissance jusqu'à 243 milliards en 2029.

Mais cette appétence s'accompagne d'une dépendance massive. Près de 60 % des plantes aromatiques séchées consommées en Europe sont importées, principalement d'Afrique du Nord et d'Asie. Les crises récentes ont mis en lumière la fragilité de ces chaînes d'approvisionnement. Les problématiques de transport, les hausses de coûts logistiques et les aléas météorologiques ont rappelé que ces cultures de niche relèvent en réalité d'un système mondial hautement sensible. Les politiques agricoles s'orientent vers une relocalisation partielle des productions, avec l'ambition de créer une souveraineté aromatique européenne. En France, la culture de basilic sous serre pour l'industrie du pesto, le développement de la menthe bio en Pays de la Loire ou les coopératives d'herbes séchées en Provence illustrent cette volonté. En Espagne et en Grèce, la diversification des cultures méditerranéennes inclut désormais l'origan, le romarin ou la sauge, moins gourmands en eau.

Les plantes aromatiques deviennent ainsi un laboratoire de la mondialisation agricole : un champ d'expérimentation pour les questions de sécurité alimentaire, de commerce équitable et d'identité gustative. Entre biodiversité et économie, elles rappellent que la géopolitique se joue sur les grands marchés internationaux et dans nos cuisines, à la croisée du goût et du pouvoir.

FOCUS

Feuille tendre, parfum d'été : le basilic incarne à lui seul l'identité culinaire du sud de l'Europe. Originaire d'Asie du Sud, il a trouvé en Méditerranée un deuxième berceau, notamment en Italie, en Grèce et dans le sud de la France. C'est autour de cette herbe, symbole de la cuisine de terroir, que se joue une bataille économique et agricole plus large : celle de la souveraineté aromatique européenne.

L'Italie reste le cœur de cette géopolitique du basilic. Le célèbre « *Basilico Genovese* DOP », cultivé en Ligurie, alimente l'industrie du pesto et bénéficie d'une appellation protégée depuis 2005. Mais, derrière l'image du potager méditerranéen se cache une réalité plus mondialisée : une part croissante du basilic utilisé par les industries agroalimentaires européennes provient désormais d'Afrique du Nord, d'Israël ou du Kenya, où le climat permet plusieurs récoltes par an à moindre coût.

À RETENIR

Derrière le basilic, la coriandre ou la menthe se cache une véritable géopolitique du goût. Les plantes aromatiques alimentaires dessinent un marché mondial où le Sud produit et le Nord transforme. L'Europe, principale consommatrice et dépendante des importations, cherche à relocaliser ses cultures pour renforcer sa souveraineté alimentaire. Entre commerce, écologie et diplomatie culinaire, ces herbes redessinent les frontières du pouvoir agricole.

LES ÉPICES ET LES PLANTES AROMATIQUES À TRAVERS LE MONDE

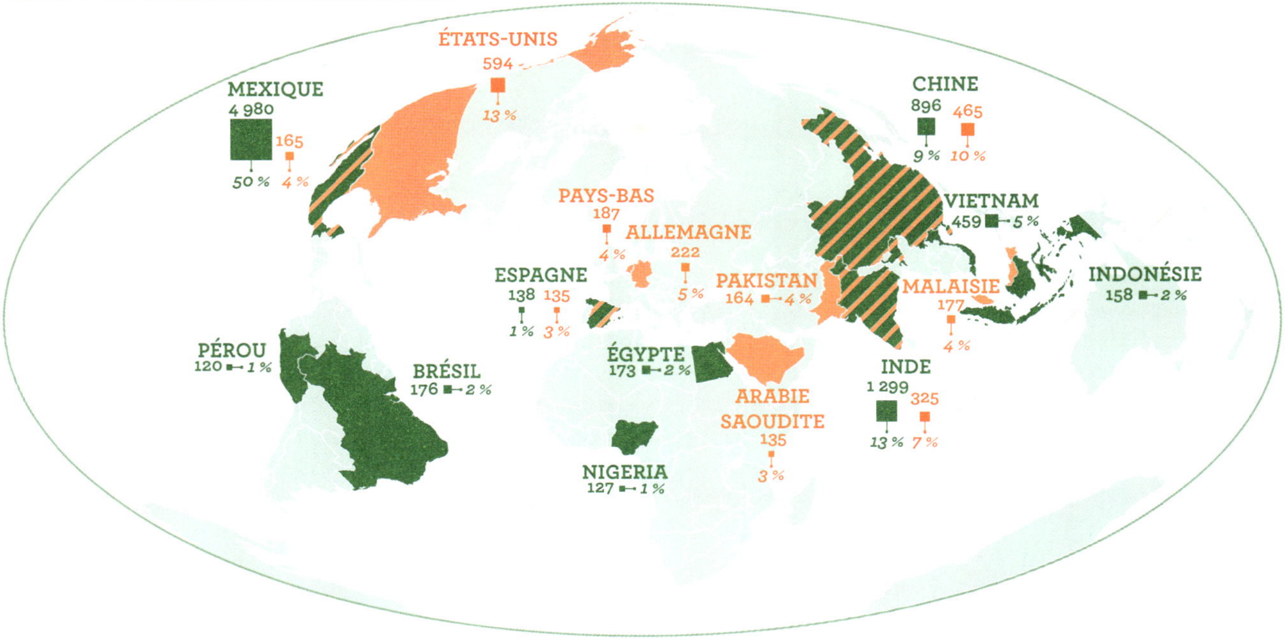

Moyenne annuelle 2021-2023
(en milliers de tonnes)

1 299 — 325

13 % — 7 %

Part dans le total mondial (en %)

- 10 principaux exportateurs
- 10 principaux importateurs

France : 31ᵉ exportateur mondial (27 000 tonnes)
17ᵉ importateur mondial (73 000 tonnes)

FICHE 10 | Sébastien Abis

FICHE FICTION

FRANCE 5 : LE PROGRAMME

Pour la première fois, la moyenne en France atteignait les cinq portions quotidiennes de fruits et légumes par personne, recommandées depuis le début du siècle par le Programme national nutrition santé. Mais qui nourrit vraiment la France en 2035 ? Voici deux témoignages.

LE GOÛT DES AUTRES

« Je suis l'un des derniers maraîchers dans la vallée de la Durance. Chaque année, des champs sont reconvertis en d'autres activités, non agricoles. Des serres se démontent chaque mois. Moi, je tiens, parce que j'ai pu me diversifier dans la décennie 2020 en investissant dans l'agrivoltaïsme et l'agritourisme. Ils assurent 80 % de mes revenus. Le reste, ce sont mes poires, mes abricots et mes courgettes. Ces cultures seules ne sauraient me faire vivre avec ma famille. Ironie du sort, la France n'a jamais mangé autant de fruits et légumes ! Les campagnes de santé publique ont fini par marcher : cinq portions au quotidien, un succès national ! J'avais été l'un des premiers militants pour cette mesure reprise par tous les gouvernements, mais qui ne parvenait pas à s'imposer à tous. Mais ces fruits viennent d'ailleurs, de Méditerranée ou de plus loin. Pas de France, pas même de nos territoires d'outre-mer. Au marché de gros à Corbas, près de Lyon, des camions défilent dès l'aube. Comme à Rungis, la planète y débarque avocats, tomates et mangues. Produire en France est trop cher, trop complexe, incertain. Le prix de nos fruits et légumes est trop élevé pour la population dont le pouvoir d'achat diminue sans arrêt. Nous ne pouvons pas utiliser certains traitements phytosanitaires pour protéger nos vergers. Personne ne veut travailler dans les serres, sauf quelques étrangers mais qu'on ne peut plus faire venir désormais. De plus, l'origine France n'est pas du tout dominante dans les achats des consommateurs français. Et les conditions climatiques ont évolué rapidement. Au marché ou en magasin, je ne vois que des importations sur les rayons de fruits et de légumes. Le comble : je vends mieux mes fruits pour certains clients à l'export. J'avais cru au plan de souveraineté lancé il y a dix ans. Mais les Français n'ont pas suivi, sauf l'injonction nutritionnelle. Ils mangent leurs cinq portions par jour, sans se soucier de l'origine. On a gagné la bataille du bien-manger, pas celle du produire. Mon fils, dans une entreprise alimentaire à Lyon, continue mon métier, mais "en version connectée", à base de fruits importés qui deviennent des gourdes spécialisées destinées aux établissement d'hébergement pour personnes âgées dépendantes (Ehpad). »

> « Le maraîchage est redevenu un pilier de souveraineté. »
>
> *Daniel Trevaisau, ministre français de la Production, cérémonie des Vœux, 2036*

LE GOÛT DE L'EFFORT

« Je suis producteur de fruits rouges sous serre et de nombreuses espèces de légumes, ici en Val de Loire. Je ne pense pas à la retraite. J'adore mon métier et j'en vis depuis des années. En France, nous avons bénéficié d'un soutien fort des pouvoirs publics ces dernières années. Les fruits et légumes étaient devenus l'emblème de nos contradictions alimentaires. Il fallait en consommer mais nous ne les produisions pas assez ! J'ai vu l'attractivité de la filière grandir avec cet élan collectif. Les supermarchés ne présentaient plus que des productions françaises, les citoyens ont été mis devant le fait accompli et les plus démunis ont pu acheter nos fruits et nos légumes grâce à des tickets alimentaires sociaux financés par nos impôts. Ça a été un chambardement, mais salutaire ! Cela a sauvé de nombreux producteurs, redevenus entrepreneurs, qui ont cessé de dépendre de subventions publiques. Acheter Français pour son alimentation s'est peu à peu répandu. Pas sur tout, mais sur ces fruits et ces légumes, sauf quelques exceptions. J'étais au bord du découragement il y a dix ans. Maintenant, je suis fier de contribuer à l'équilibre santé de mes compatriotes. Nous sommes presque tous à cinq portions de fruits et légumes par jour, grâce à la hausse de production en métropole et dans les territoires ultramarins. La France consomme ce qu'elle produit et inversement. Nous avons ainsi réduit nos achats à l'étranger, même si certaines importations se poursuivent pour compléter certains besoins industriels. D'ailleurs, nous avons besoin de ce commerce et de rester ouvert sur le monde, de proposer aussi des produits venant d'ailleurs. Mais nous pouvons désormais en proposer davantage qui viennent de France. On a installé des systèmes d'irrigation circulaire, recruté des jeunes, des techniciens, des saisonniers formés. Les cantines, les hôpitaux, les supermarchés ont signé des contrats pluriannuels "Origine France". L'énergie solaire a remplacé le gaz dans les serres, des robots assistent la cueillette et nos déchets organiques nourrissent les sols. Des jeunes s'installent, des ingénieurs créent des fermes connectées, des chefs cuisiniers viennent nous rendre visite avec des consommateurs. L'eau reste rare, les marges étroites, mais on a prouvé qu'un pays pouvait se soigner et se nourrir. »

FOCUS

Au début des années 2020, moins d'un tiers des Français atteignaient la recommandation des cinq portions quotidiennes de fruits et légumes, pourtant portée depuis vingt ans par les pouvoirs publics, relayée par les professionnels de santé et connue de chacun ou presque en raison d'un slogan abondamment communiqué sur les écrans d'information. Ce fut pourtant une aubaine pour la balance commerciale : puisque la France importait la moitié de ses fruits et légumes, une moindre consommation limitait le déficit déjà considérable de ces filières. Mais la décennie 2020 s'était ouverte avec des discours répétés sur la souveraineté alimentaire à préserver ou à reconquérir. À ce titre, dès 2023, un plan dédié aux fruits et légumes avait été proclamé, pour regagner 10 points d'autonomie d'ici à 2035. Que s'est-il passé ensuite ?

À RETENIR

La France contemporaine est à un carrefour. Est-elle capable de traduire dans les faits ce qu'elle proclame depuis des années ? Dit autrement, pour la consommation recommandée de fruits et légumes pour la santé, le pays se donne-t-il les moyens de ses intentions ? Deux trajectoires possibles, schématiques et prospectives, viennent nous éclairer, par la voix d'agriculteurs engagés.

ÉVOLUTION DES IMPORTATIONS DE FRUITS ET LÉGUMES PAR LA FRANCE DEPUIS 2000

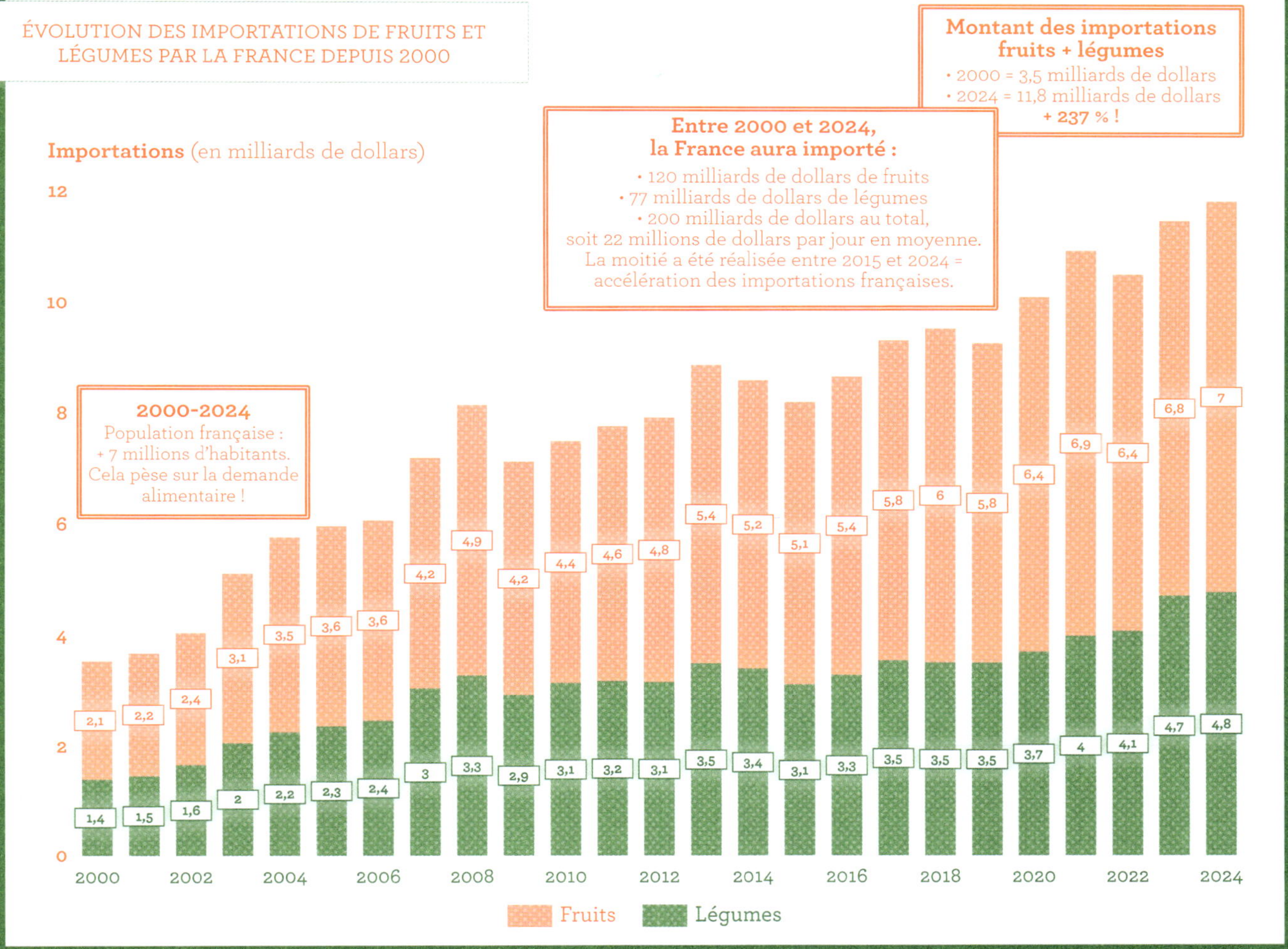

PARTIE 2

FRUITS DU MONDE
ET DE FRANCE

FICHE 11 | Sébastien Abis

PLATEAU GLOBAL

Comme les légumes, les fruits s'avèrent être des productions centrales dans les systèmes agricoles et l'alimentation mondiale. Mais, derrière ces réalités, se cachent de profondes disparités géographiques et de puissants jeux économiques entre pays.

UNE EXPANSION MAJEURE QUI SE POURSUIT

Les surfaces dédiées à produire des fruits dans le monde ont doublé depuis 1975, atteignant 68 millions d'hectares (contre 132 pour les légumes, racines et tubercules compris). L'ensemble des fruits frais récoltés sur la planète s'élève à 954 millions de tonnes (Mt), un volume inférieur à celui des légumes mais trois fois supérieur à celui qu'il y a un demi-siècle. L'essor de l'arboriculture fruitière a été significatif, en particulier depuis 2010 (+ 220 Mt). Le volume actuel équivaut à cinq années de récolte des années 1970.

Bien que des contraintes naturelles existent, la barre du milliard de tonnes devrait être franchie d'ici à 2030. Les attentes sont nombreuses pour que l'innovation en matière de recherche génétique, notamment avec les nouvelles techniques de sélection végétale (New Genomic Techniques, NGT), puisse pérenniser ces cultures, les rendre plus économes en eau, plus résilientes face aux maladies, moins dépendantes d'intrants et plus performantes sur le plan organoleptique. Mais les réglementations divergent selon les pays, selon l'acceptabilité sociétale, générant de nouveaux écarts de compétitivité dans une filière déjà exposée à une forte hétérogénéité climatique.

On ne cultive pas tous les fruits partout. Pourtant, la mondialisation des goûts a rendu les consommateurs exigeants, habitués à trouver tout, tout le temps, sans logique de saison. Demain, les situations pourraient se tendre davantage, sauf à ne privilégier que des produits locaux. Or, beaucoup d'entre nous apprécions un fruit venant de loin ou à contre-saison, sorte de plaisir coupable assumé ou mal dissimulé.

À LA TABLE DU MONDE, QUELQUES GRANDS

Sur le plan productif, la banane caracole en tête (137 Mt), suivie par la pastèque (105 Mt) puis la pomme (97 Mt), et bien loin devant le raisin (76 Mt), l'orange (68 Mt), la mangue (62 Mt) ou encore les tangerines/clémentines/mandarines (52 Mt). À titre comparatif, les fraises comptent pour 11 Mt par an, les kiwis 4 Mt et les myrtilles 1,4 Mt. C'est dire à quel point ces volumes s'avèrent marginaux par rapport aux produits mastodontes cités plus tôt.

En termes d'exportation, un sixième des bananes est exporté, ce qui en fait aussi le fruit le plus échangé (environ 15 milliards par an ; soit un peu plus que le cacao). Les pommes (8 Mt) et les oranges (7,2 Mt) sont en volume les deuxième et troisième catégories de produits les plus échangés, mais sont dépassées en valeur par le raisin (11 milliards) et l'avocat (8 milliards). À noter la place du durian, fruit tropical asiatique, parmi les espèces les plus commercialisées, avec plus de 7 milliards par an désormais, ce qui en fait l'une des cultures les plus convoitées au cours des dernières années. La Thaïlande s'en fait le promoteur, puisqu'elle réalise plus de 50 % des exportations mondiales, là où la Chine absorbe à elle seule plus de 90 % des importations... Un business qui compte mais se limite à deux États. D'ailleurs Pékin a signé en 2024 un accord bilatéral renforcé avec Bangkok pour sécuriser ses approvisionnements.

> Le commerce de fruits frais dans le monde représente 116 Mt par an en moyenne (2022-2024), 12 % de la production totale.

Les autres fruits les plus échangés en valeur dans le monde sont ensuite les amandes, les myrtilles, les cerises et les noix de cajou.

Sur la scène internationale, l'Espagne s'affiche comme l'acteur principal à l'export, avec 8 Mt (7 % du volume global), là où les États-Unis sont de très loin le plus gros importateur (19 Mt ; 17 % du total mondial). Mais, là encore, en valeur, les classements évoluent. Au niveau des exportations, les États-Unis avec 15 milliards par an devancent l'Espagne (11), le Mexique (9), les Pays-Bas (8,2) et le Chili (7,6). Du côté des importations, après les États-Unis avec 25 milliards par an, se trouvent la Chine (18), l'Allemagne (13), les Pays-Bas (8) et la France (7). Les cinq premiers acheteurs mondiaux polarisent 45 % des importations de fruits en valeur et 40 % en volume. Signalons enfin des poussées productives et exportatrices en arboriculture fruitière de la part du Vietnam, de la Turquie, du Pérou, du Costa Rica, de l'Afrique du Sud et des Philippines. Mais la Chine reste archi-dominante avec 274 Mt (29 % de la production mondiale), très loin devant l'Inde (113 Mt), le Brésil (42 Mt), la Turquie et le Mexique (26 Mt chacun), et l'Indonésie (25 Mt).

FOCUS

La France est l'un des grands vergers de l'Union européenne, composé de 25 000 exploitations environ (la moitié d'entre elles ne font que de l'arboriculture), mais sa taille décline (175 000 hectares désormais, soit 15 % de moins depuis 2000). La pomme occupe 22 % de ces surfaces, suivie par la noix (15 %) et l'olive (10 %). Environ 20 % des fruits récoltés en France métropolitaine sont utilisés pour la transformation, avec la pomme comme protagoniste phare sur ce registre, notamment pour les compotes ou gourdes de fruit pour enfants, qui ont le vent en poupe depuis plusieurs années. La France importe plus qu'elle n'exporte, accusant un déficit commercial de près de 4 milliards d'euros. L'Espagne, la Côte d'Ivoire et l'Italie sont les premiers fournisseurs. Le taux d'autoapprovisionnement en fruits de la France est tombé sous le seuil de 40 %. Parallèlement, 30 % des exportations françaises sont le fait des territoires ultramarins.

À RETENIR

L'Union européenne (UE) produit environ 65 Mt de fruits par an, soit 7 % du total mondial. Les pays méditerranéens dominent les débats, Espagne et Italie en tête, mais aussi France, Grèce et Portugal. Ces cinq nations produisent les trois quarts des fruits européens. L'UE importe beaucoup, 40 Mt par an en moyenne depuis 2020, soit le tiers des fruits échangés dans le monde. C'est deux fois plus que les États-Unis, premier pays acheteur de fruits, et sept fois plus que la Russie, autre grand importateur, même si Moscou cherche à développer l'arboriculture, notamment dans les zones proches du Caucase.

LA PRODUCTION DE FRUITS À TRAVERS LA PLANÈTE

Évolution de la surface employée pour la production de fruits dans le monde entre 1975 et 2024

En millions d'hectares

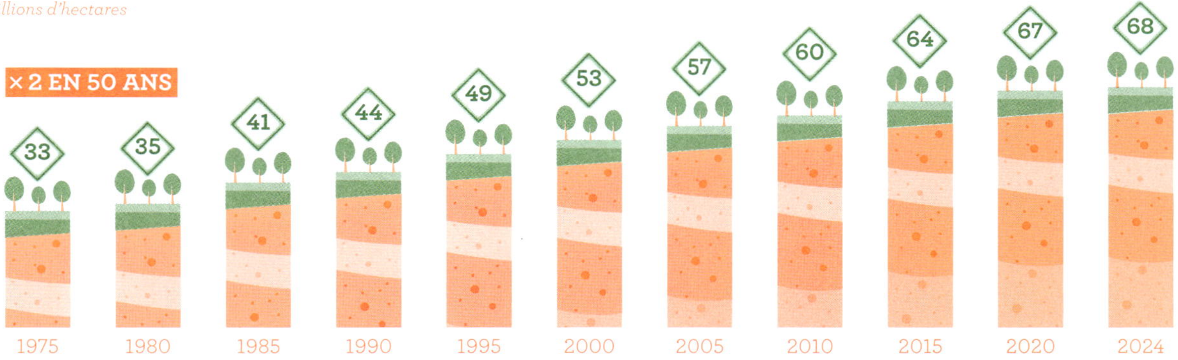

Évolution de la production de fruits dans le monde entre 1975 et 2024

En millions de tonnes

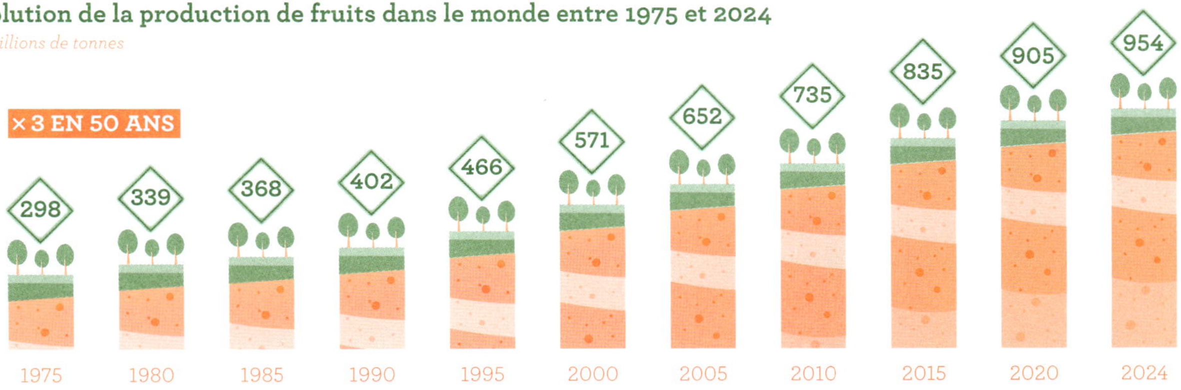

FICHE 12 | Anaïs Marie

POMME, POIRE : LA CROISADE

Originaires d'Asie centrale, les pommiers et les poiriers ont été domestiqués en Chine – et au Kazakhstan pour la pomme – il y a plusieurs milliers d'années. Les deux fruits ont voyagé au gré des échanges et des déplacements de populations, et se sont ainsi progressivement diffusés vers l'ouest jusqu'aux Grecs et aux Romains, puis vers le nord et l'ouest de l'Europe, avant de conquérir l'ensemble du globe. Les pommes et les poires sont aujourd'hui toutes les deux cultivées dans plus de 90 pays, principalement des régions tempérées.

DES PRODUCTIONS QUI SÉDUISENT LE MONDE

Toutes deux issues de la famille des Rosacées, les pommes et les poires enregistrent un succès mondial croissant. Leurs productions ont presque doublé depuis le début du siècle. Si ces deux fruits à pépins ont une dynamique assez similaire, ils ne profitent toutefois pas des mêmes performances. La pomme, vedette de plusieurs expressions linguistiques (« tomber dans les pommes », « haut comme trois pommes »...), est l'un des fruits les plus consommés au monde. 97 millions de tonnes (Mt) ont été produites chaque année en moyenne entre 2022 et 2024, la positionnant juste derrière les bananes (137 Mt) et les pastèques (105 Mt). Les poires figurent, quant à elles, à la douzième place avec 27 Mt. Loin de l'image dangereuse associée à la pomme dans la Bible ou dans *Blanche-Neige* par exemple, le « fruit défendu » séduit en raison de sa praticité – transport et consommation –, de sa durée de conservation, de son prix, de sa présence toute l'année dans les rayons ainsi que de ses multiples variétés et utilisations possibles (frais, jus, desserts, compotes, alcool...). Une image dont ne bénéficient pas autant les poires, réservées aux aristocrates sous la royauté en

France, mais qui ne les empêche pas de gagner des parts de marché (1,7 % des fruits produits dans le monde au début du siècle contre 3 % en 2024).

DES ALÉAS EXTÉRIEURS : LA POMME DE LA DISCORDE

La Chine s'impose comme le leader mondial de la production de pommes (49 Mt par an en moyenne entre 2022 et 2024, soit 51 % du total mondial) et de poires (20 Mt, 75 %). Bien que ces volumes soient pour la plupart destinés à répondre à la demande interne – moins de 10 % de la production mondiale est échangée – la popularité des pommes et des poires en fait des produits stratégiques. De multiples aléas extérieurs (climat, politique, commerce…) peuvent affecter la culture et les échanges de ces fruits, et ainsi perturber les équilibres et les dynamiques en place. L'embargo russe imposé en 2014 aux produits européens, pommes et poires comprises, en est un exemple. Alors qu'en moyenne un quart des importations de poires de Moscou provenait de Belgique entre 2012 et 2014, 10 % des Pays-Bas et 10 % de Pologne, l'embargo a sonné la fin de ces échanges, au profit de l'Argentine (25 % des achats russes en 2012-2014, 37 % en 2019-2021), de l'Afrique du Sud et de la Biélorussie. Les pommes polonaises ont connu le même sort (47 % des importations russes avant l'embargo), en laissant leur place à la Moldavie et à la Serbie. Les pommes et les poires peuvent aussi se retrouver au cœur de rivalités territoriales. Au Cachemire indien, région montagneuse himalayenne qui produit deux tiers des pommes du pays, les questions des frontières (tensions vives avec le Pakistan) et de l'eau (fonte des glaciers, contrôle des eaux de l'Indus) y sont cruciales. Maintenir la culture de pommes est indispensable pour l'Inde qui en est le deuxième importateur mondial et dont les achats ont doublé en cinq ans (en provenance d'Iran et de Turquie principalement). Par ailleurs, la hausse des taux du fret maritime peut aussi affecter les prix à l'exportation.

> La production mondiale de pommes et de poires ne cesse d'augmenter depuis le début du siècle, malgré des différences de volumes entre les deux fruits.

Au-delà des batailles politiques, la disponibilité des pommes et des poires pourrait être affectée par le changement climatique, notamment l'augmentation des températures (floraison plus précoce au printemps qui expose les bourgeons au gel, taches brunes dues au soleil en été), les sécheresses, ainsi que les pluies qui favorisent le développement de champignons et donc de maladies auxquelles les vergers sont particulièrement sensibles. Pour faire face à ces enjeux, des dizaines de variétés sont créées chaque année dans le monde. La course à l'adaptation et à l'innovation pour continuer de répondre à la demande croissante et au succès de ces fruits n'est donc pas près de s'arrêter et pourrait renforcer les convoitises entre États.

FOCUS

Les pommes sont les principaux fruits produits en France. Les pommes de table représentent 51 % des volumes totaux, devant les pommes à cidre, les pêches et nectarines, puis les poires. Symboles de l'en-cas sain, elles séduisent les Français qui en consomment environ 23 kilos par an (3 kilos pour les poires). Ce succès se retrouve jusque dans les fast-foods, McDonald France ayant fait de la pomme le dessert fruité de son menu enfant. Malgré une production nationale importante, celle-ci ne suffit pas à répondre à la demande. La balance commerciale de l'Hexagone pour les pommes reste bénéficiaire, mais ses marges se réduisent, tandis que le déficit se creuse pour les poires, le pays important dix fois plus qu'il n'exporte. Face à la concurrence européenne et mondiale, les producteurs français souffrent de coûts de production élevés (rendements stagnants, main-d'œuvre coûteuse). Pour y faire face, ils misent en partie sur un positionnement qualitatif haut de gamme (variétés club, bio...) et des atouts organisationnels.

À RETENIR

Avec plus de 7000 variétés sur la planète, la pomme séduit par sa praticité et sa diversité d'utilisations. Les poires, qui comptent environ 2000 variétés, ne connaissent pas le même attrait mais n'ont pas à rougir de leurs performances. De fait, la consommation de ces deux fruits à pépins ne cesse d'augmenter, notamment en Chine qui s'impose comme le principal producteur mondial. Pour maintenir cette dynamique, ces deux fruits devront s'adapter aux aléas climatiques ainsi qu'aux tensions politiques et commerciales.

POMMES ET POIRES : DES FRUITS MONDIALISÉS

5 PRINCIPAUX PRODUCTEURS DE POMMES
(en millions de tonnes, moyenne annuelle 2022-2024)
76 % du total mondial

5 PRINCIPAUX EXPORTATEURS DE POMMES
(en millions de tonnes, moyenne annuelle 2022-2024)
73 % du total mondial

5 PRINCIPAUX IMPORTATEURS DE POMMES
(en millions de tonnes, moyenne annuelle 2022-2024)
50 % du total mondial

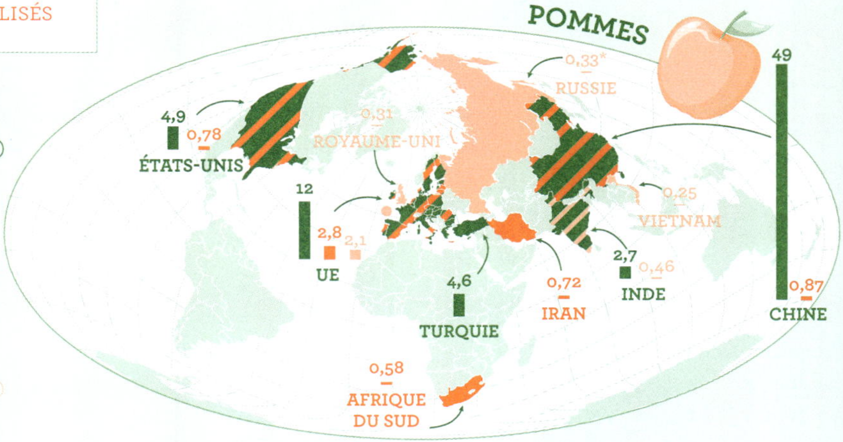

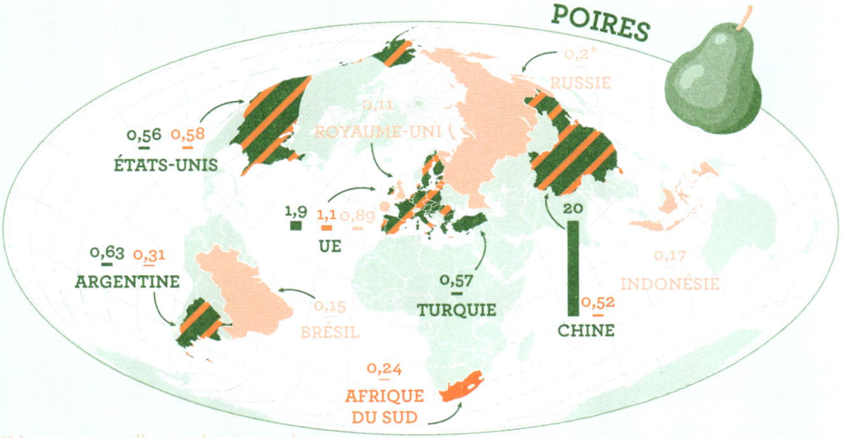

5 PRINCIPAUX PRODUCTEURS DE POIRES
(en millions de tonnes, moyenne annuelle 2022-2024)
88 % du total mondial

5 PRINCIPAUX EXPORTATEURS DE POIRES
(en millions de tonnes, moyenne annuelle 2022-2024)
90 % du total mondial

5 PRINCIPAUX IMPORTATEURS DE POIRES
(en millions de tonnes, moyenne annuelle 2022-2024)
64 % du total mondial

*Moyenne annuelle 2022/2023-2024/2025

FICHE 13 | Anaïs Marie

ORANGE : LA SANGUINE

Cinquième fruit le plus produit au monde derrière les bananes, les pastèques, les pommes et les raisins, les oranges sont appréciées partout, notamment sous forme de jus, caractéristique du petit déjeuner occidental. Cet engouement pourrait toutefois durablement ralentir en raison des aléas climatiques et des maladies qui affectent les principaux producteurs et perturbent l'ensemble du marché, des agrumiculteurs aux consommateurs.

LE BRÉSIL EN TÊTE POUR LES ORANGES FRAÎCHES ET TRANSFORMÉES

Les oranges, dont les premières traces remontent à plus de 2 000 ans avant J.-C. en Chine, sont aujourd'hui cultivées sur six continents. Ce sont les agrumes les plus produits au monde (41 % du total), devant les tangerines, mandarines, clémentines (31 %) et les citrons et limes (14 %). 68 millions de tonnes (Mt) par an ont ainsi vu le jour sur le globe en moyenne entre 2022 et 2024. L'oranger est une espèce subtropicale qui résiste peu au froid. Les principaux bassins de production se situent en Chine, en Inde, au Mexique, aux États-Unis et surtout au Brésil. Le pays réalise 25 % de la production mondiale, ce qui signifie qu'une orange sur quatre cultivée dans le monde est brésilienne. Outre la demande interne en fruit frais, cette production est destinée à près de 80 % à la transformation, notamment pour l'industrie du jus et du concentré. De fait, si le pays exporte peu d'oranges fraîches, il est en revanche le leader sur le secteur du jus d'orange et du concentré (congelé ou non). Il réalise à lui seul plus de la moitié des exportations mondiales. Plus au nord sur le continent, le Mexique et les États-Unis destinent eux aussi 45 % de leur culture d'oranges à la transformation, à l'inverse des autres principaux producteurs comme la Chine (3 %), l'Union européenne (12 %) ou l'Égypte (10 %). Ainsi, la production et le commerce d'oranges fraîches, de jus et de concentré sont fortement dépendants du continent américain.

CLIMAT ET MALADIES : ALÉAS LOCAUX ET CONSÉQUENCES GLOBALES

Des aléas de production parmi les pays leaders se font inévitablement sentir à échelle globale, entre baisse des volumes disponibles sur les marchés mondiaux et hausse des prix qui entraînent des répercussions sur les pays importateurs et donc in fine sur les consommateurs. Et c'est justement le cas ces dernières années, alors que le secteur des oranges traverse une crise causée par des baisses de production importantes en raison d'aléas climatiques et de maladies. Entre sécheresses, excès d'eau ou événements météorologiques extrêmes – ouragans par exemple –, les productions brésiliennes, états-uniennes, mexicaines et espagnoles sont en première ligne. Ces phénomènes devraient continuer de s'intensifier avec le changement climatique et représentent un défi pour les agrumiculteurs à court, moyen et long terme. Par ailleurs, les orangers sont particulièrement touchés par le huanglongbing (HLB) ou « maladie du dragon jaune », véhiculée par un insecte, le psylle, et incurable, qui entraîne le verdissement des oranges et la mort de l'arbre. Alors que cette maladie affecte les États-Unis, quatrième exportateur mondial d'oranges fraîches, depuis le début des années 2000 avec des volumes de production divisés par cinq en vingt ans, elle connaît un fort regain d'activité et touche désormais le Brésil. La récolte du premier producteur mondial est ainsi tombée à 16 Mt en 2024, son plus bas niveau depuis plus de trente ans. Cette maladie inquiète d'autant plus qu'elle continue de se propager. Deux espèces de psylles ont été détectées en Espagne et à Chypre et pourraient endommager les cultures du bassin méditerranéen, principal producteur d'agrumes du Vieux Continent. L'industrie du jus d'orange souffre particulièrement de ces aléas. La production ne cesse de diminuer, passant de 2,3 Mt par an en moyenne au début du siècle à 1,4 Mt sur les campagnes 2022/2023 à 2024/2025, ce qui se répercute sur les exportations et les prix de vente. De plus, l'attrait des consommateurs pour les jus pourrait s'amenuiser en raison de leurs faibles apports nutritifs (peu de fibres et beaucoup de sucre : environ 8,6 grammes de sucre pour 100 ml de jus d'orange en France contre 10,6 grammes pour un Coca-Cola original). Dans l'Hexagone par exemple, la consommation d'oranges sous forme transformée a drastiquement chuté depuis le début du siècle, passant de 40 kilos par habitant par an à 16 kilos en 2023-2024 (contre 5,5 kilos sous forme fraîche). En raison de ces multiples facteurs, l'appétit pour les oranges sera-t-il durable ?

45 Mt

d'oranges fraîches ont été produites dans le monde sur la campagne 2024/2025, le niveau le plus faible depuis le début du siècle.

FOCUS

L'Union européenne (UE) se positionne au troisième rang des producteurs d'oranges fraîches dans le monde (5,9 Mt, moyenne annuelle 2022-2024) et comme premier exportateur et importateur. Ces volumes sont portés par l'Espagne, qui réalise à elle seule environ 50 % de la production européenne. La France produit peu d'oranges, 9000 tonnes en moyenne, principalement en Corse et dans les départements d'outre-mer (La Réunion et Guyane en tête). Ces faibles volumes font de l'Hexagone le deuxième importateur d'oranges de l'UE, en grande partie en provenance d'Espagne. Si ce pays se classe comme le premier fournisseur des 27 en oranges (50 % des volumes achetés), cette position est remise en question par les inondations, les sécheresses ainsi que par la concurrence égyptienne ou sud-africaine, qui propose des fruits moins chers. Par ailleurs, la hausse des températures modifiera-t-elle durablement ces dynamiques, en entraînant un déplacement des zones de culture d'agrumes vers le nord ?

À RETENIR

Riches en antioxydants et en vitamine C, pouvant être consommées fraîches, en jus (100 % pur jus ou à base de concentré) ou pour leur écorce (extrait d'écorce, huiles essentielles...), les oranges sont l'un des fruits les plus consommés au monde. Cette dynamique est cependant ternie ces dernières années par des aléas climatiques répétés et la progression de maladies qui affectent la production, les échanges et la consommation à travers la planète.

GÉOÉCONOMIE DES ORANGES

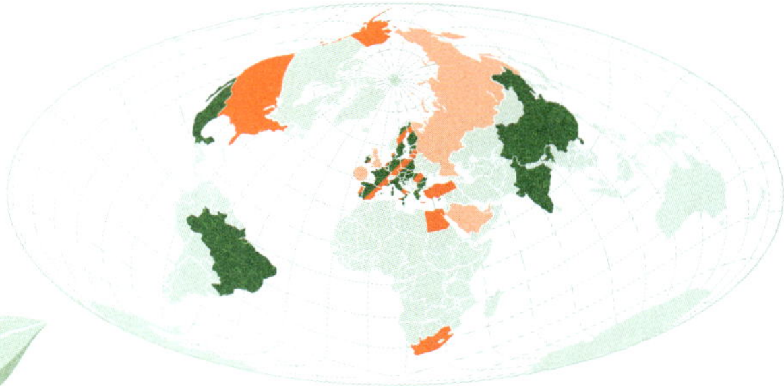

5 PRINCIPAUX PRODUCTEURS
(EN MILLIONS DE TONNES, MOYENNE ANNUELLE 2022-2024)

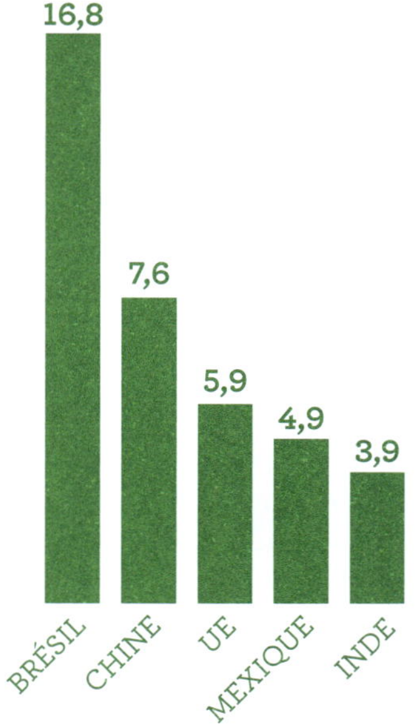

57 % du total mondial

5 PRINCIPAUX EXPORTATEURS
(EN MILLIONS DE TONNES, MOYENNE ANNUELLE 2022-2024)

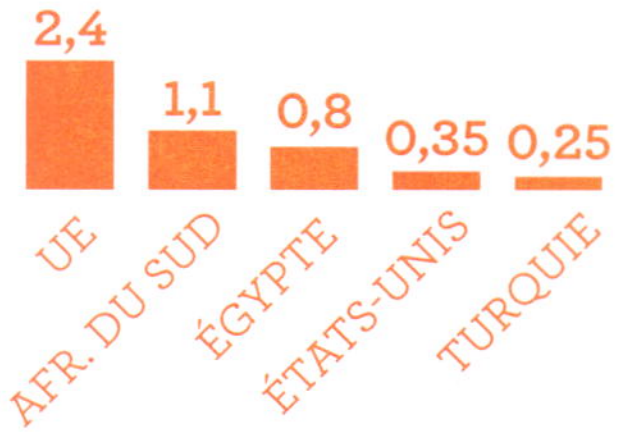

84 % du total mondial

5 PRINCIPAUX IMPORTATEURS
(EN MILLIONS DE TONNES, MOYENNE ANNUELLE 2022-2024)

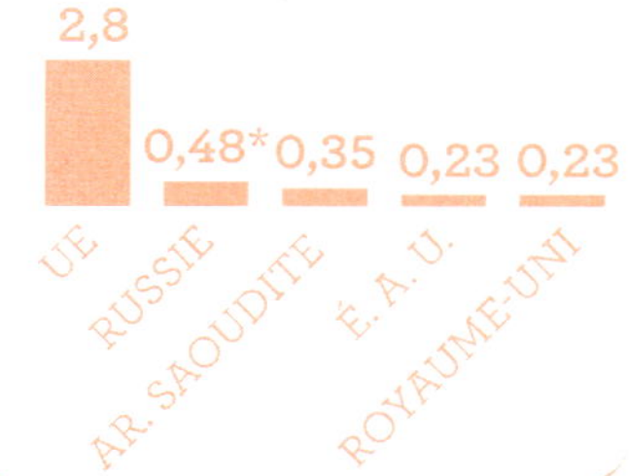

66 % du total mondial

*Moyenne annuelle 2022/2023-2024/2025

FICHE 14 | Claire de Marignan

BANANE : L'INGÉNIEUSE

Sous sa peau jaune et sa forme familière, la banane cache un univers de rapports de force, d'héritages coloniaux et de rivalités commerciales. Premier fruit exporté de la planète en volume, avec environ 137 millions de tonnes produites par an, elle circule d'un hémisphère à l'autre, véritable symbole de la mondialisation agricole.

LE FRUIT LE PLUS POLITIQUE AU MONDE

Née en Asie du Sud-Est, domestiquée depuis plus de sept mille ans, la banane s'est imposée comme un produit de masse grâce à l'expansion coloniale européenne. Les grandes compagnies américaines du XXe siècle ont ensuite transformé les territoires d'Amérique centrale en « républiques bananières ». Ces entreprises contrôlaient terres, ports, voies ferrées et gouvernements, façonnant une économie dépendante de ce seul fruit.

La banane Cavendish, représentant 95 % à 99 % des exportations mondiales, illustre cette fragilité structurelle : elle est menacée par la maladie de Panama, un champignon du sol contre lequel aucun traitement n'existe encore aujourd'hui. Si cette variété venait à disparaître, c'est tout un pan du commerce mondial qui serait bouleversé. Or, les producteurs, pressés par la demande occidentale, peinent à diversifier leurs plantations.

Derrière son prix modeste, souvent inférieur à un euro le kilo, se cache donc un réseau d'interdépendances mondiales : pays du Sud dépendant des devises agricoles, multinationales fixant les prix, consommateurs du Nord exigeant un fruit standardisé et disponible toute l'année.

LA BANANE S'EN VA-T-EN GUERRE

Peu de produits agricoles ont secoué la diplomatie mondiale autant que la banane. Ce fruit a été l'objet de l'un des conflits commerciaux les plus emblématiques entre l'Union européenne et les États-Unis. Cette « guerre de la banane » a officiellement commencé en 1993, lorsque Union européenne a mis en place un régime d'importation préférentiel en faveur des producteurs issus des anciennes colonies européennes, regroupés au sein du groupe Afrique, Caraïbes, Pacifique (ACP). Ce système, hérité de la convention de Lomé, permettait aux bananes des pays ACP, notamment celles de Jamaïque, de Côte d'Ivoire ou de Dominique, d'entrer sur le marché européen sans droits de douane, contrairement aux bananes latino-américaines, lourdement taxées. Ce régime avait une double vocation : soutenir économiquement des pays du Sud historiquement liés à l'Europe et maintenir des filières agricoles à taille humaine face aux géants latino-américains dominés par les multinationales américaines. Mais cette politique a immédiatement été perçue comme une distorsion de concurrence par les États-Unis, qui ont donc saisi l'Organisation mondiale du commerce (OMC), estimant que l'Europe violait les règles du libre-échange. S'ensuivirent plus de quinze ans de contentieux, officiellement achevés en 2009 avec l'accord de Genève sur le commerce des bananes, qui prévoyait une baisse progressive des droits de douane européens sur les bananes latino-américaines.

LE DÉFI DE LA DURABILITÉ

La production est aujourd'hui dominée par l'Inde, avec une moyenne de 36 millions de tonnes de bananes produites chaque année, mais le pays ne représente que 2 % du marché mondial, car il exporte peu. L'Union européenne, quant à elle, importe près d'un quart de la production mondiale mais tente de concilier équité et durabilité. Grâce à ses départements d'outre-mer, la France fait figure d'exception : elle est l'un des rares producteurs européens. Ces territoires bénéficient d'aides spécifiques de la Politique agricole commune (PAC) mais restent soumis à une pression concurrentielle féroce. Le coût du travail, les normes environnementales strictes et la lutte contre les résidus de pesticides rendent les bananes françaises plus chères que celles venues d'Amérique latine. Parallèlement, le commerce équitable et les labels « bio » redéfinissent les rapports de force. L'Europe devient un marché test pour de nouvelles pratiques : traçabilité, réduction de l'empreinte carbone, certification sociale. Mais ces initiatives ne représentent encore qu'une minorité du marché mondial. La banane, dans son apparente banalité, concentre toutes les tensions de la mondialisation : standardisation, dépendance, inégalités Nord-Sud, recherche d'un nouvel équilibre entre économie et écologie. De la plantation à la table, chaque banane raconte une histoire de pouvoir.

> « La monoculture de la Cavendish est une bombe à retardement agricole. »
>
> *Nicolas Roux, spécialiste des ressources génétiques de la banane*

FOCUS

Souvent éclipsée par sa cousine Cavendish, la banane plantain joue un rôle majeur dans de nombreuses régions tropicales. Cette variété se consomme cuite et constitue un aliment de base pour plus de 70 millions de personnes, notamment en Afrique de l'Ouest et en Amérique latine. Elle représente donc un véritable enjeu de sécurité alimentaire. Principalement produite au Nigeria, au Ghana, au Cameroun, en Colombie ainsi qu'en Guadeloupe, en Martinique et à Mayotte, la banane plantain est très peu exportée : plus de 85 % de la production est consommée localement. Ce caractère non mondialisé en fait une culture stratégique pour des régions à forte croissance démographique, où elle est intégrée aux politiques agricoles. Elle est devenue un levier stratégique, notamment pour les pays africains, car elle représente une filière potentielle d'exportation vers l'Europe et l'Amérique du Nord, portée par les diasporas.

À RETENIR

Derrière son succès planétaire, la banane cache une géopolitique complexe : héritage colonial, domination de multinationales, monoculture vulnérable aux maladies et guerre commerciale entre Nord et Sud. Premier fruit échangé au monde en volume, elle illustre les éternelles tensions entre libre-échange, justice économique et transition écologique. Et l'Europe y joue un rôle central, entre importations massives et protection de ses producteurs ultramarins.

LA BANANE, UN FRUIT QUI VOYAGE

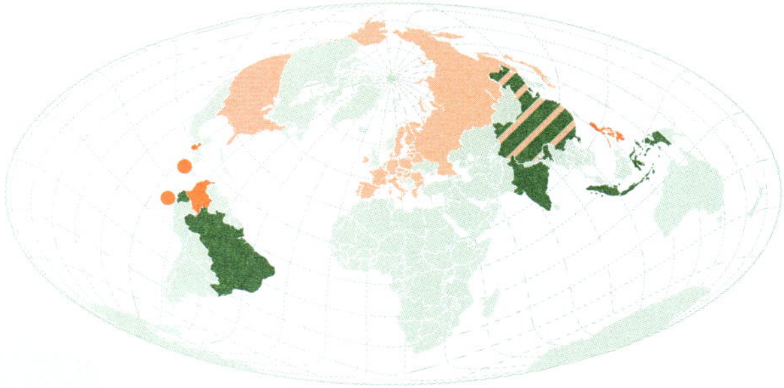

5 PRINCIPAUX PRODUCTEURS
(EN MILLIONS DE TONNES, MOYENNE ANNUELLE 2022-2024)

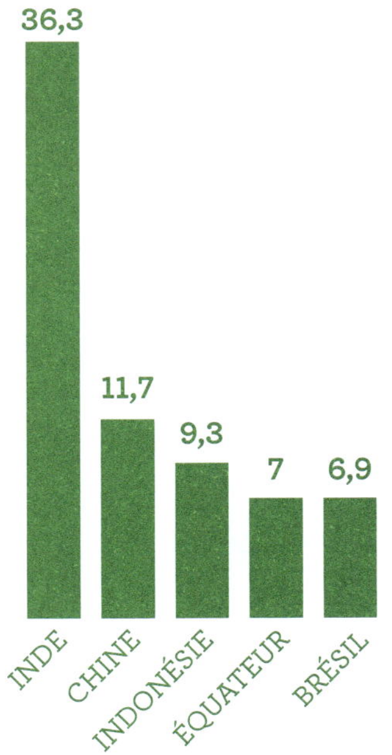

Plus de **80 %** de la production mondiale provient des pays tropicaux, mais plus de **70 %** de la valeur ajoutée est captée dans les pays importateurs.

5 PRINCIPAUX EXPORTATEURS
(EN MILLIONS DE TONNES, MOYENNE ANNUELLE 2022-2024)

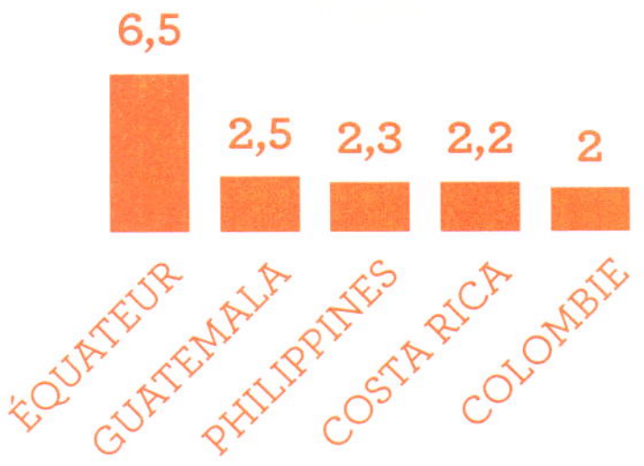

Plus de 70 % des exportations sont réalisés par 5 pays latino-américains

5 PRINCIPAUX IMPORTATEURS
(EN MILLIONS DE TONNES, MOYENNE ANNUELLE 2022-2024)

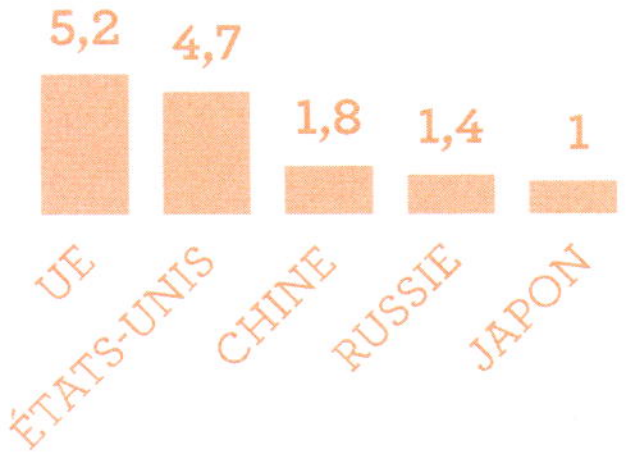

FICHE 15 | Diane Mordacq

KIWI : L'ÉNERGIQUE

Originaire de la vallée du fleuve Yangtsé, dans le sud-est de la Chine, où il poussait à l'état sauvage, le kiwi a été connu pendant des milliers d'années sous le nom de « mihoutao » (littéralement « pêche du singe »). Il a adopté son nom actuel en 1959, en référence à l'oiseau marron, petit et duveteux de Nouvelle-Zélande, où le fruit a été introduit par des missionnaires et botanistes britanniques en 1904 pour devenir une culture commerciale.

ENTRE BÉNÉFICES SANTÉ ET PLAISIRS

Le kiwi est riche en vitamines et minéraux essentiels : 100 grammes – le poids moyen d'un fruit – contiennent 74 % des besoins quotidiens en vitamine C, 21 % en vitamine K1, 11 % en vitamine E et 10 % des besoins quotidiens en cuivre, 8 % en potassium, 5 % en phosphore. Il est considéré comme un alicament (aliment dont la composition implique un effet actif bénéfique pour la santé du consommateur). En 2025, il est devenu le premier fruit frais à obtenir une « allégation de santé » de l'Union européenne, reconnaissant ainsi officiellement ses propriétés digestives. Bon pour la santé, le kiwi est également apprécié pour ses qualités esthétiques et gustatives variées. La variété Hayward, caractérisée par une peau duveteuse, une chair verte et un goût acidulé, est la plus répandue. Mais la variété SunGold, commercialisée en 2010 pour remplacer la variété Gold alors décimée par la bactérie *Pseudomonas syringae pv. actinidiae* (PSA), est également aujourd'hui largement adoptée par les consommateurs, qui apprécient sa peau lisse, sa chair jaune et son goût sucré (elle représente 60 % de la production de kiwis de la Nouvelle-Zélande, contre 30 % en 2010 pour Gold). Plus anecdotique pour le moment, la production de kiwis rouges au goût de baies connaît une croissance prometteuse, tout comme les mini-kiwis à croquer à pleines dents.

PRODUCTION LOCALISÉE, CONSOMMATION GLOBALE

4,4 millions de tonnes (Mt) de kiwis ont été produits chaque année en moyenne entre 2022 et 2024, principalement par la Chine (49 %), la Nouvelle-Zélande (15 %), l'Italie (11 %), la Grèce (7 %) et l'Iran (7 %). Loin d'être le fruit le plus produit (autour de la 23e place, avant les abricots, 4,2 Mt et après les kakis, 5 Mt), sa production a augmenté de 122 % depuis le début du siècle (moyenne annuelle 2000-2002 versus 2022-2024), contre 93 % et 70 % pour les bananes et pommes, les deux fruits les plus consommés. Alors que la production reste très localisée (les cinq premiers producteurs produisent 89 % de la production totale), la consommation de kiwis se globalise. Sur les 40 % de la production annuelle destinés à l'export en moyenne entre 2022 et 2024 (17 % pour les bananes et 8 % pour les pommes), la Nouvelle-Zélande (34 %), l'Italie (16 %), la Grèce (11 %), l'Iran (9 %) et le Chili (8 %) sont les principaux expéditeurs. De leur côté, les importations sont dominées par la Belgique (10 %), la Chine (10 %), l'Espagne (9 %), le Japon (6 %) et l'Allemagne (6 %). À noter que la Belgique, l'Espagne et l'Italie sont les seules portes d'entrées en Union européenne de la production néo-zélandaise.

> La consommation journalière de 200 grammes de chair de kiwi vert contribue à une fonction intestinale normale en augmentant la fréquence des selles.
>
> *Union européenne, 2025*

LA NOUVELLE-ZÉLANDE AUX MANETTES

Bien qu'elle nécessite des coûts d'installation importants (pieds greffés, structures de palissage, irrigation), la culture du kiwi permet aux agriculteurs de diversifier leurs productions et même de remplacer certaines cultures aux débouchés saturés, comme la vigne. Sa culture soulève néanmoins des enjeux de propriété intellectuelle, la majorité des variétés et des marques étant développées et détenues par les structures néo-zélandaises Plant & Food Research (institut public de recherche agronomique) et Zespri (distributeur privé). En Chine, la variété SunGold, largement appréciée par les consommateurs, est cultivée dans l'illégalité, sans licences délivrées par Zespri. Cette industrie parallèle de kiwi jaune sur le territoire chinois est estimée à plus de 9 000 hectares en 2024 (7 500 hectares en Nouvelle-Zélande), un manque à gagner pour Zespri, qui perd l'occasion de toucher des *royalties* et voit sa production nationale concurrencée.

FOCUS

Cela peut paraître surprenant mais, au sens botanique, le kiwi est considéré comme une baie. Il peut d'ailleurs en prendre la taille, comme c'est le cas avec les kiwaïs. Ces petits fruits à la peau lisse et verte associent la puissance nutritive d'un kiwi classique avec la praticité, une véritable aubaine pour les consommateurs et les producteurs, dans un contexte d'expansion du snacking. En France, une variété néo-zélandaise de kiwaï est distribuée par l'entreprise française Sofruileg, sous la marque Nergi. Cultivés sur 200 hectares (46 % en Italie, 40 % au Portugal et 14 % en France) par 140 producteurs, les Nergi trouvent pour l'instant principalement acheteurs en Allemagne (60 %) et dans les pays scandinaves (20 %). Les rendements sont certes moins importants (15 tonnes/hectare contre 25 tonnes/hectare pour les kiwis Hayward) mais le produit est plus valorisé (16 €/kg contre 4 €/kg).

À RETENIR

Premier fruit reconnu comme alicament par l'Union européenne en 2025, le kiwi a vu sa production plus que doubler depuis le début du siècle. Vert, jaune, rouge et même miniature, ce fruit, produit majoritairement par cinq pays, séduit les consommateurs dans le monde entier, ce qui en fait un véritable produit de la mondialisation. Premier exportateur, la Nouvelle-Zélande consacre 89 % de sa production à l'export et se distingue aussi par la maîtrise de la génétique, ce qui génère des revenus supplémentaires, mais fait apparaitre des convoitises.

PRODUCTION MONDIALE DE KIWIS

Évolution de la part de marché des 10 premiers producteurs de kiwis (en % des volumes mondiaux)

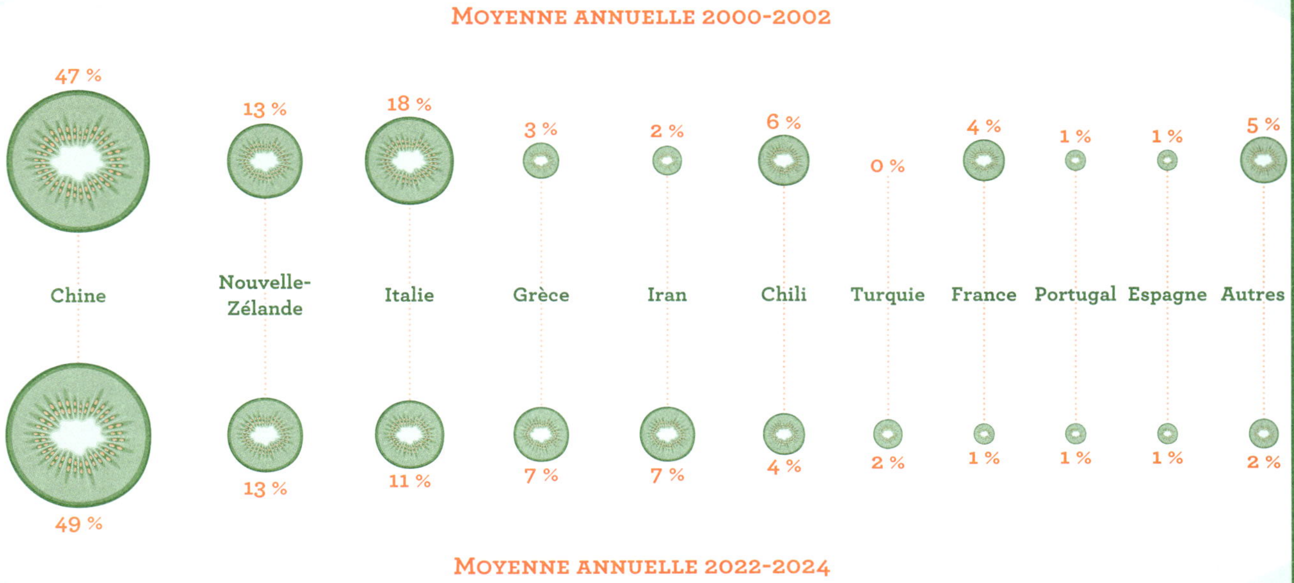

FICHE 16 | Anissa Bertin

NOIX DE COCO : L'ASCENSION

Capable de flotter des mois sur les océans tout en restant fertile, la noix de coco a conquis les rivages tropicaux bien avant les humains. Aujourd'hui, elle pousse dans plus de 90 pays, du Pacifique aux Caraïbes, du sable des côtes jusqu'à 1000 mètres d'altitude. Deux types de cocotiers coexistent : le nain et le grand. Ce dernier couvre plus de 95 % des plantations du monde et peut être fertile jusqu'à quatre-vingts ans. Récoltées toute l'année, les noix de coco peuvent atteindre jusqu'à 500 unités par arbre. Dans les villages côtiers d'Asie, ce n'est pas qu'un fruit, c'est une économie à elle seule. Nourriture, boisson, cosmétique, matériau, combustible : la noix de coco sert à tout. Aux Philippines, on appelle d'ailleurs le cocotier « l'arbre de la vie ».

CŒUR BATTANT DE L'ASIE

Sous toutes ses formes – huile, eau, lait, sucre, fibres ou charbon actif –, la noix de coco s'impose dans les cuisines, les laboratoires et même l'industrie du bâtiment. Rien ne se perd : la chair nourrit, l'eau hydrate, les fibres isolent, les tourteaux alimentent le bétail. Symbole d'exotisme et de naturalité, la noix de coco séduit les marchés occidentaux en quête de produits sains. Entre 2004 et 2024, les exportations mondiales de noix de coco (en coque) ont été multipliées par huit, passant de 280000 tonnes à plus de 1,8 million de tonnes (Mt). Une croissance importante mais trompeuse : le commerce ne représente encore qu'à peine 3 % de la production totale, estimée à environ 65 Mt par an sur la période 2022-2024. La plupart des noix produites ne quittent donc jamais leur pays d'origine. L'Europe et les États-Unis, séduits par les produits dérivés – lait, huile, eau ou coco râpée –, restent des marchés marginaux face à la puissance d'absorption asiatique. En effet, derrière ce fruit se cache une géographie extrêmement concentrée : l'Asie règne sans partage. Plus de 70 % de la production mondiale provient de trois pays – Indonésie, Philippines et Inde – et près de 90 % des échanges mondiaux se font à l'intérieur de l'Asie. Dans ce contexte, la Chine, premier importateur de noix de coco, s'impose comme le pivot mondial : elle fixe les prix, oriente les flux et conditionne les stratégies des pays producteurs.

Dans ce système régional fermé, les modèles d'exportation révèlent les nouvelles hiérarchies. L'Indonésie, premier producteur et exportateur mondial, écoule 75 % de ses ventes vers la Chine et la Malaisie ; près de 90 % de ses flux sont intra-asiatiques. La Thaïlande, dixième producteur mondial, s'impose comme deuxième exportateur et troisième importateur, en important des noix entières pour les transformer avant de les réexporter vers la Chine, le Japon et les pays du Golfe. Le Vietnam, troisième exportateur et cinquième producteur, s'affirme comme une puissance industrielle émergente avec une multiplication des usines, des investissements étrangers et une montée en gamme des produits transformés. Être une puissance de la noix de coco ne dépend plus de la production brute mais de la capacité à transformer. C'est désormais l'arme stratégique de la bataille asiatique pour la coco.

> Plus de 85 % de la production mondiale de noix de coco (en coque) et 90 % des exportations restent en Asie.

ENTRE HAUSSE DE LA DEMANDE ET ÉPUISEMENT

Aujourd'hui, pour répondre à l'appétit des marchés, les producteurs multiplient les plantations, souvent au prix d'une monoculture intensive et d'un recours accru aux engrais chimiques pour prolonger la vie d'arbres vieillissants. En Asie, la plupart des cocotiers ont dépassé leur pic de productivité : les rendements stagnent et les marges se resserrent. La croissance des échanges, déconnectée de la capacité productive réelle, rend la filière d'autant plus vulnérable aux chocs climatiques. Le typhon Haiyan, en 2013, a ravagé plus de 44 millions de cocotiers aux Philippines et a provoqué une envolée immédiate des prix : + 50 % pour l'huile de coco à Rotterdam en un mois. Un nouveau cocotier planté met jusqu'à huit ans pour être pleinement fertile. Cette fragilité structurelle s'explique aussi par l'organisation du secteur : 96 % des exploitations sont familiales, souvent inférieures à quatre hectares, éparpillées dans des archipels difficiles d'accès, dépendantes des routes maritimes et des variations de prix fixées à des milliers de kilomètres. Combien de temps encore la filière pourra-t-elle soutenir le rythme d'une demande mondiale qui croît plus vite que les cocotiers ? Quels outils la filière a-t-elle à sa disposition ?

FOCUS

La noix de coco s'impose comme un acteur clé de la guerre mondiale des huiles végétales. Face au soja, au colza ou à la palme, elle offre une alternative plus vertueuse et stratégique. L'huile vierge, extraite de la pulpe fraîche, est devenue une icône de santé dans les marchés bio occidentaux. Mais, derrière cette huile, se cache le véritable pilier industriel : l'huile de coprah, issue de la pulpe séchée, raffinée et désodorisée. Elle représente l'essentiel des volumes mondiaux – plus de 3,1 millions de tonnes en 2022 – et alimente des chaînes d'approvisionnement planétaires : margarines, savons, cosmétiques, détergents ou biocarburants. L'huile vierge fait rêver les consommateurs du Nord ; l'huile de coprah, elle, fait tourner la planète coco. Dans cette « guerre des huiles », la coco s'impose comme une huile de transition. Elle remplace partiellement la palme mais crée de nouvelles tensions sur les prix et la dépendance des producteurs.

À RETENIR

Symbole de naturalité et d'exotisme, la noix de coco séduit la planète entière, mais sa puissance reste asiatique : plus de 90 % des échanges se jouent à l'intérieur du continent. L'Asie produit, transforme et consomme, tandis que le reste du monde convoite surtout ses dérivés. Ce déséquilibre révèle un marché mondialisé en apparence seulement, où la valeur se capte localement. Dans cette filière éclatée en archipels, où la valeur glisse vers la transformation, les petits producteurs peinent à suivre, accentuant les dépendances régionales et industrielles.

QUI CAPTE LA VALEUR DE LA NOIX DE COCO ?

5 principaux producteurs
(en millions de tonnes, moyenne annuelle 2022-2024)

Indonésie	18
Philippines	14,8
Inde	14,1
Brésil	2,9
Vietnam	2,1

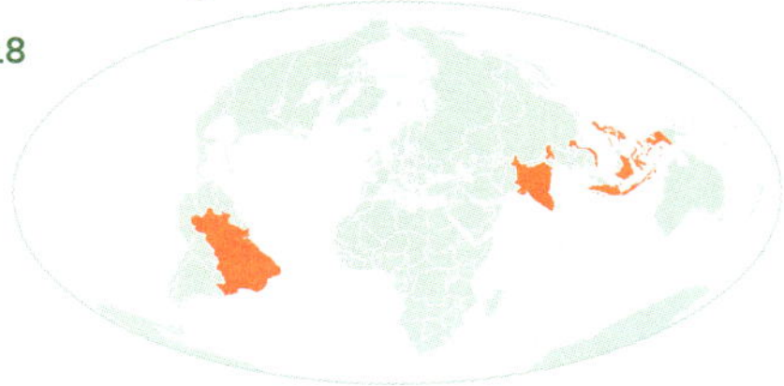

5 principaux producteurs
(part du total mondial en %)

28	Indonésie
23	Philippines
22	Inde
4,5	Brésil
3	Vietnam

5 principaux exportateurs
(en millions de tonnes, moyenne annuelle 2022-2024)

Indonésie	0,83
Thaïlande	0,53
Vietnam	0,1
Inde	0,09
Côte d'Ivoire	0,03

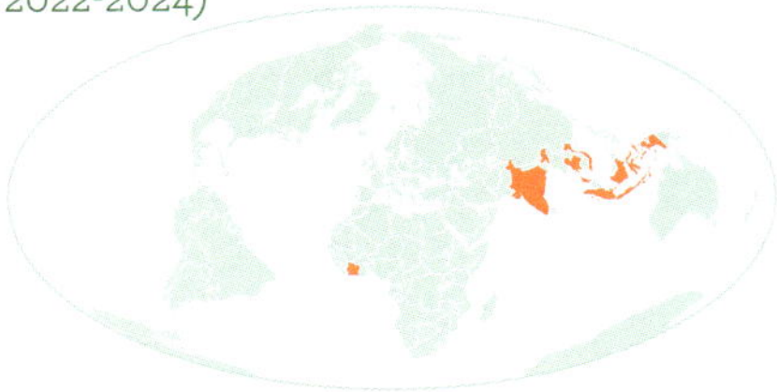

5 principaux exportateurs
(part du total mondial en %)

47	Indonésie
31	Thaïlande
6	Vietnam
5	Inde
2	Côte d'Ivoire

5 principaux importateurs
(en millions de tonnes, moyenne annuelle 2022-2024)

Chine	1,1
Malaisie	0,28
Thaïlande	0,22
Émirats arabes unis	0,06
États-Unis	0,06

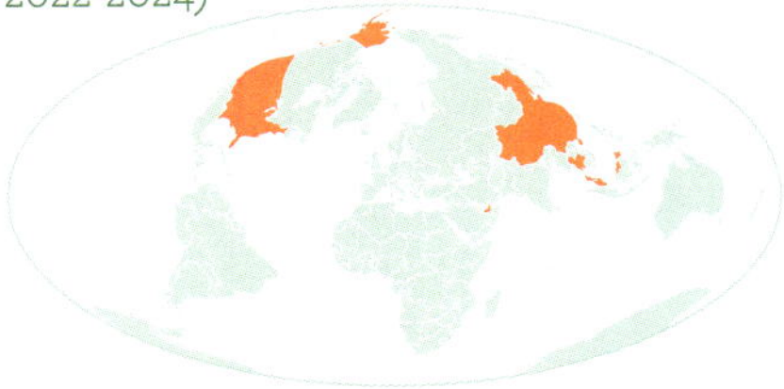

5 principaux importateurs
(part du total mondial en %)

55	Chine
14	Malaisie
12	Thaïlande
3	Émirats arabes unis
3	États-Unis

FICHE 17 | Sébastien Abis

TOMATE : LA CONCENTRÉE

En matière de géopolitique de fruits et légumes, dire que tout est concentré dans la tomate n'est pas exagéré.

À l'origine, une plante sauvage sur les hauts plateaux andins d'Amérique du Sud. Puis, un fruit qui se propage sur le globe, traversant l'Atlantique et débarquant dès le XVIe siècle en Europe, avant de devenir l'un des symboles de la mondialisation agricole et alimentaire, avec son lot de tensions. Ne remontons pas trop dans le temps, observons le siècle écoulé.

Dans les années 1930, l'URSS adore la planification. Elle promet l'abondance à sa population. Côté nourriture, on annonce une tomate locale et en croissance. Un fiasco qui va durer, le pouvoir soviétique butant sur les conditions météorologiques. Le chaland devra se contenter de conserves de tomates à la sécurité sanitaire douteuse. Cette climatodépendance, le rival états-unien va savoir la dompter grâce à la Californie, grand verger national, qui dispose de moyens économiques, techniques et humains favorisant le développement de cet or rouge. La suite est connue : une industrie de la tomate incarnée par Heinz et son fameux ketchup. Entre essor de la restauration rapide, capitaux disponibles et diplomatie culturelle, la tomate sort massivement de la côte ouest et conquiert également les marchés mondiaux.

RETOUR VERS LE FUTUR

Dans une Europe qui devient puissance agricole dans le dernier tiers du XXe siècle, la tomate exprime son plein potentiel sur le pourtour méditerranéen, et notamment dans les régions sud de l'Italie. Elle se retrouve alors portée par le succès de la cuisine transalpine. Avec des plats simples et populaires, le modèle s'exporte et devient une juteuse affaire. Des pâtes à la pizza, la tomate s'étale et attire les regards. Les organisations criminelles y voient un levier lucratif pour blanchir leurs opérations. D'autant que l'univers de la tomate permet de combiner les économies souterraines : main-d'œuvre étrangère employée illégalement, contrefaçon agro-industrielle avec des achats de concentrés de tomate en Chine, reconditionnés sur place, puis étiquetés comme origine italienne, détournement de subventions publiques européennes… Cette agromafia, bien que minoritaire dans le secteur italien, gangrène depuis des années la péninsule.

> Très peu d'espèces, mais près de 10 000 variétés existantes de tomates (quelques centaines commercialisées), grâce à la recherche génétique et désormais les nouvelles techniques génomiques.

L'EMPIRE ROUGE CONTRE-ATTAQUE

Au XXIe siècle, la tomate reste à l'honneur. La consommation de ce fruit frais ou transformé s'accroît considérablement atteignant un marché global de plus de 200 milliards de dollars par an. L'Espagne et les Pays-Bas sont de la partie, grâce à leur production sous serre. La première n'a pas d'eau et cherche ainsi une parade ; la seconde a du gaz, des semences performantes et des technologies innovantes. Mais, comme toujours, au rayon du grand bond vers l'avant, du moins contemporain, la Chine prend les commandes. Une tomate sur trois dans le monde vient de là, principalement du Xinjiang (80 % de la production nationale), province connue pour ses tensions sociales et où l'esclavage dans les champs persiste. Si, en Chine, la clientèle s'avère friande de tomates et devient plus importante, Pékin n'oublie pas l'export. Ses purées industrielles alimentent les grandes métropoles asiatiques, africaines et européennes.

D'autres puissances s'engouffrent également vigoureusement dans la voie : Inde, Turquie, Égypte et Mexique s'installent sur cette planète tomate qui tourne. Le Maroc, déjà bien lancé sur cette route, accélère à son tour et mise sur le format cerise pour rayonner à l'international. Fort d'une compétitivité-prix à peu d'autres pareille, le royaume chérifien pousse ses récoltes vers le nord. Et parfois la géopolitique s'en mêle. Avec l'Union européenne (UE) et ses États membres méridionaux qui se font concurrencer, le sujet dérape parfois sur les sujets migratoires ou sahariens, entachant alors les relations. Avec la Russie, la tomate marocaine profite de l'embargo de Moscou contre les produits agricoles européens depuis 2014. Une percée peu appréciée par la Turquie, premier fournisseur de ce fruit prisé des Russes. Et revoilà l'histoire, puisque le Kremlin mise maintenant sur les fruits et légumes comme nouvelle filière de reconquête de sa souveraineté alimentaire. S'il reste importateur à hauteur de 70 % de ses besoins domestiques, le pays augmente ses productions chaque année, ayant bien analysé la taille stratégique de ce marché de la tomate.

FOCUS

La France, septième récoltant européen avec près de 700 000 tonnes par an, pèse peu sur le globe : moins de 0,5 % de la production... Deux tiers de la consommation de tomates fraîches provient du national mais la dépendance est très grande (plus de 80 %) pour le transformé (conserves, concentrés, sauces). La France importe près de la moitié de ce qu'elle consomme et produit, autant de nos jours que dans les années 1960. Aujourd'hui, l'Espagne produit six fois plus de tomates que la France ; l'Italie dix fois.

En France, Bouches-du-Rhône, Finistère, Lot-et-Garonne, Côtes-d'Armor et Loire-Atlantique sont les principaux départements de production. La culture sous serre de la tomate domine. Les ménages consomment en moyenne 32 kilos de tomates par an, dont 14 kilos en frais. Les citoyens réclament qualité, durabilité et diversité. Le facteur prix reste en tête des considérations quand les Français passent à l'achat. Dernier défi pour la filière : la main-d'œuvre de plus en plus rare qui, mécaniquement, pousse au recours à la robotique.

À RETENIR

Devenue incontournable sur les tables de chaque continent, la tomate est sphérique comme la Terre. Et comme le monde, il lui arrive parfois ne pas tourner rond. Frais ou transformé, peu importe, ce fruit peut voir rouge et s'immiscer dans les sauces géopolitiques de la mondialisation agricole. Animée par le soleil et gourmande en eau, la tomate se situe également au cœur des défis climatiques, énergétiques et scientifiques contemporains.

PRODUCTION

EN MILLIONS DE TONNES

× 4 EN 50 ANS

AUJOURD'HUI, SUR LE VOLUME PRODUIT :

3 PREMIERS PRODUCTEURS MONDIAUX
EN MILLIONS DE TONNES, 2025

COMMERCE

EN MILLIONS DE TONNES

× 13 EN 50 ANS

Aujourd'hui, **20 %** des tomates récoltées sont internationalisées, contre **6 %** en 1975 et **9 %** en 2000

LE COMMERCE MONDIAL DE TOMATES A ATTEINT **12 MILLIARDS** DE DOLLARS EN 2025

Ces 3 pays réalisent **50 %** des exportations mondiales en valeur

Espagne et France arrivent en **4ᵉ** et **5ᵉ** positions

3 PREMIERS IMPORTATEURS MONDIAUX
EN MILLIARDS DE DOLLARS, 2025

Ces 3 pays réalisent **50 %** des importations mondiales en valeur

CONSOMMATION

LE MARCHÉ MONDIAL DE LA TOMATE, TOUTES CONSOMMATIONS CONFONDUES, EN FRAÎCHES ET TRANSFORMÉES, EST DE **195 MILLIARDS** DE DOLLARS EN 2025.

FICHE 18 | Anissa Bertin

CONCOMBRE : L'ATEMPOREL

Star de l'année mais surtout de l'été, peu cher, peu transformé, le concombre est un légume-fruit – un fruit au sens botanique, issu de la fleur, mais consommé comme un légume. Léger dans l'assiette, il donne l'illusion de la simplicité. Une illusion. Car le concombre est un produit lourd en contraintes : il exige chaleur maîtrisée, humidité contrôlée, eau régulière et logistique rapide. Sa présence « toute l'année » n'a rien de naturel : elle repose sur une architecture peu visible de serres, d'énergie, de transports et de décisions européennes.

LE CONCOMBRE SOUS PERFUSION ÉNERGÉTIQUE

Plante de climat chaud, le concombre se développe de manière optimale autour de 20 °C à 28 °C, avec une humidité élevée et stable. Pour offrir des concombres toute l'année, il faut un concombre d'hiver... qui n'aime pas l'hiver. Aujourd'hui, il n'existe pas sans serre et la serre n'existe pas sans énergie. Chauffer, éclairer, parfois enrichir l'air en CO_2 pour stimuler la croissance : produire un concombre hors saison revient à transformer du gaz et de l'électricité en fraîcheur végétale. Tant que l'énergie est abondante et bon marché, le système tient. Dès que ce dernier est fragilisé, le concombre devient un révélateur des tensions.

Ce lien direct entre concombre et énergie a été mis au jour en 2022. Aux Pays-Bas, cœur de la production sous serre européenne et troisième exportateur mondial, la crise énergétique a fait reculer les rendements, le concombre figurant parmi les cultures les plus touchées (– 8 % pour l'ensemble des légumes sous serre, – 9 % pour le concombre). Le choc s'est propagé ailleurs : en France et au Royaume-Uni, des producteurs ont retardé les plantations. Sur certains étals français, le concombre atteignait alors 1,50 euro la pièce, poussant les consommateurs vers le produit espagnol, environ 40 centimes moins cher, moins exposé grâce à un climat hivernal plus doux. La crise énergétique a ouvert un autre front : celui de l'adaptation. L'Europe veut des serres plus sobres, sans renoncer à l'abondance ou à la disponibilité hors saison. Le concombre incarne la fraîcheur mais son empreinte carbone est élevée lorsqu'il est produit sous serre chauffée. Face à cette tension, la filière actionne plusieurs leviers – optimisation du chauffage, réduction de l'éclairage, sélection variétale – avec des économies possibles, au prix de compromis sur les rendements et, in fine, sur les prix.

> Entre 2022 et 2024, l'Union européenne produit environ 3 % des concombres mondiaux mais concentre 41 % des importations et 46 % des exportations.

UN LÉGUME D'EAU FACE À LA RARETÉ HYDRIQUE

La teneur en eau du concombre dépasse 95 % et sa culture exige des apports réguliers et maîtrisés. Or, une part décisive de l'approvisionnement européen provient de régions où cette ressource est en tension. Le sud de l'Espagne, en particulier la province d'Almería, en est l'exemple le plus emblématique. Dans cette région semi-aride s'est développé l'un des plus puissants complexes maraîchers d'Europe : des milliers d'hectares de cultures sous serre, au point de former une véritable « mer de plastique », visible depuis l'espace selon la NASA, l'administration nationale américaine de l'aéronautique et de l'espace. Almería concentre une part décisive de la production espagnole de fruits et légumes, faisant du concombre une culture stratégique, qui place l'Espagne au deuxième rang mondial des exportateurs. Cette puissance agricole repose toutefois sur une contrainte structurelle : un stress hydrique chronique, aggravé par la baisse des précipitations, la pression sur les nappes et l'intensification des vagues de chaleur.

Pour sécuriser l'irrigation, l'Espagne a investi dans des infrastructures d'adaptation, notamment des usines de dessalement d'eau de mer. Elles permettent de maintenir les volumes, mais au prix d'une forte consommation énergétique et d'impacts environnementaux croissants. Parallèlement, des recherches portent sur l'optimisation du climat sous serre, la maîtrise de l'irrigation ou les cultures hors-sol afin de réduire l'usage de l'eau, au prix de besoins accrus en capital et en énergie. Le concombre se situe ainsi à l'intersection de deux dépendances croisées : dépendance à l'eau dans le Sud, dépendance à l'énergie pour rendre cette eau disponible ; une équation fragilisée par les chocs climatiques et géopolitiques.

FOCUS

Août 2024. En Islande, les rayons se vident de concombres. Pas à cause d'une sécheresse ou d'un conflit, mais à cause d'une recette virale sur TikTok. Tout part d'une vidéo publiée par l'influenceur canadien Logan Moffitt, surnommé « *Cucumber Guy* ». Sa salade à base de concombre est reprise par des créateurs de contenus islandais, puis massivement imitée. En quelques jours, la demande explose et dépasse la capacité d'absorption du système alimentaire local. Pays insulaire et climatiquement contraint, l'Islande produit l'essentiel de ses concombres sous serre, grâce à la géothermie, mais en volumes limités. Lorsque la demande s'emballe, même les importations d'urgence, plus coûteuses et plus lointaines, peinent à suivre. Une crise géopolitique alimentaire peut ainsi être déclenchée par un État, un conflit ou un smartphone.

À RETENIR

Symbole de fraîcheur et de légèreté, le concombre est en réalité un produit sous fortes contraintes. Majoritairement cultivé sous serre, il dépend de l'énergie pour exister, surtout hors saison, et de l'eau dans des régions déjà en tension, notamment en Espagne. Chocs des prix du gaz, stress climatique et forte intégration de l'Europe - région peu productrice mais centrale dans les échanges - en font un légume structurellement vulnérable et révélateur des fragilités agricoles contemporaines.

MARCHÉ MONDIAL DU CONCOMBRE EN UNE IMAGE

Qui produit le concombre ?

Top 3 producteurs (en millions de tonnes, moyenne annuelle 2022-2024)

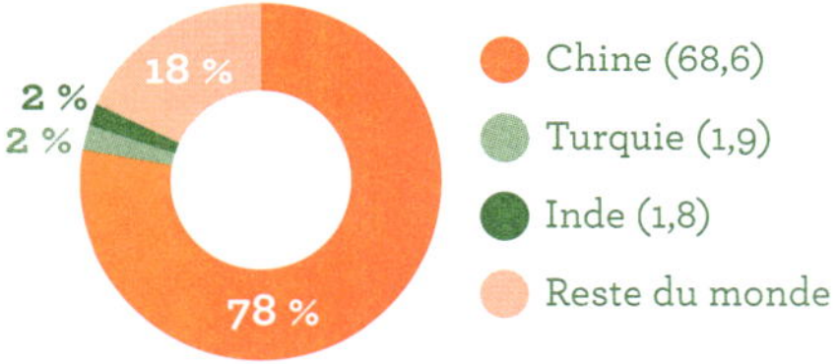

Le reste du monde apparaît très fragmenté : aucun autre pays ne dépasse durablement les 2 millions de tonnes de production annuelle sur la période considérée.

Qui fait circuler le concombre ?

Top 3 exportateurs (en millions de tonnes, moyenne annuelle 2022-2024)

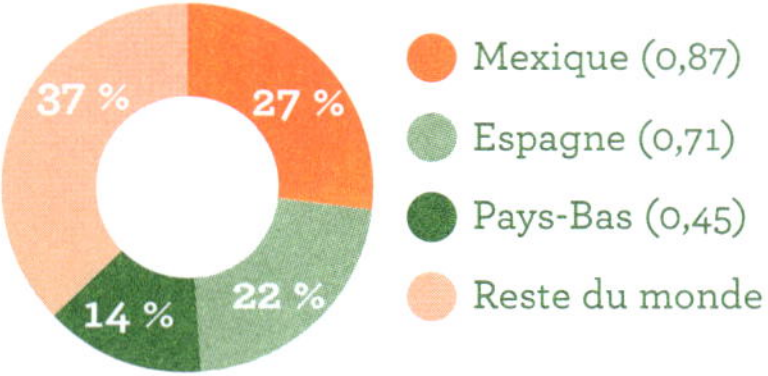

Les échanges de concombres obéissent à une logique de proximité : le Mexique vers les États-Unis, l'Espagne vers l'Europe, bien plus qu'à la hiérarchie des producteurs mondiaux.

Qui absorbe les volumes ?

Top 3 importateurs (en millions de tonnes, moyenne annuelle 2022-2024)

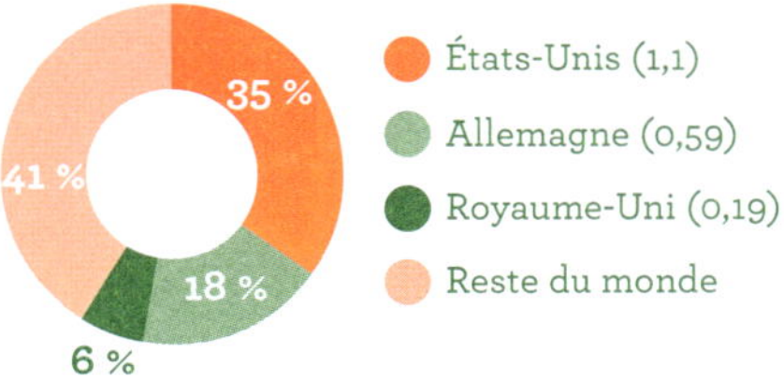

Les importations mondiales de concombres sont dominées par les États-Unis et l'Europe du Nord.

FICHE 19 | Laura Demurtas

AVOCAT : LE HORS-LA-LOI

Aujourd'hui, difficile d'imaginer un brunch sans guacamole ou une salade « healthy » sans avocat. Autrefois rare et exotique, ce fruit est devenu un symbole de bien-être et de statut social. Mais, derrière son image « cool », l'avocat cache une réalité complexe, entre tensions économiques, conflits sociaux, impacts environnementaux et enjeux géopolitiques.

DE PRODUIT DE NICHE À PRODUIT MONDIAL

Cultivé au Mexique depuis plus de dix mille ans et partie intégrante de la culture alimentaire des populations indigènes, l'avocat arrive en Europe au XVIe siècle grâce aux Espagnols. Il reste longtemps un fruit exotique et marginal, et ne se diffuse réellement qu'à partir des années 1960 avec l'essor des échanges mondiaux et des nouvelles habitudes alimentaires. Depuis les années 2000, il connaît un véritable essor : la révolution numérique et l'attention croissante portée aux superaliments en ont fait un symbole de la cuisine contemporaine et du bien-être, séduisant partout marchés et consommateurs.

La production mondiale d'avocats s'élève à environ 10 millions de tonnes (Mt) par an et devrait atteindre 12 Mt d'ici à 2030. En 2024, plus de 3 Mt d'avocats ont été exportées dans le monde, ce qui fait de ce fruit tropical un produit phare du commerce agroalimentaire, avec des exportations en hausse, estimées à 9 milliards de dollars en 2024 (+ 25 % par rapport à 2021). Le Mexique domine le secteur, avec 1,2 Mt exportées (40 % de la valeur totale des exportations mondiales), suivi par l'Union européenne, le Pérou, la Colombie et le Kenya.

Aujourd'hui omniprésent sur les étals occidentaux, l'avocat s'impose comme l'emblème des nouvelles habitudes alimentaires, au croisement du bien-être, du marketing et de l'identité culturelle. La demande s'accélère notamment en Asie et au Moyen-Orient, avec une croissance spectaculaire en Chine (+ 60 % entre 2021 et 2024), modeste consommatrice mais en pleine expansion. Aux États-Unis, premier marché mondial, 1,2 Mt d'avocats frais ont été importées en 2024 pour une valeur record de 3,9 milliards de dollars, représentant à elles seules 90 % des exportations mexicaines. L'Europe suit, la France en tête, qui en a consommé environ 160 000 tonnes en 2024.

« Les avocats ne deviennent jamais ennuyeux. »

Alvaro Luque, PDG d'Avocados From Mexico

ENTRE CRIMINALITÉ ET URGENCE CLIMATIQUE

Cette ruée vers « l'or vert » entraîne toutefois des déséquilibres. L'avocat est devenu un symbole de la mondialisation des goûts et des régimes alimentaires. Cependant, certains producteurs prospèrent tandis que d'autres subissent la pression sur les terres agricoles, la concurrence féroce et l'ingérence croissante de groupes criminels dans la production et la distribution. Au Mexique, certains cartels extorquent les agriculteurs, contrôlent les routes d'exportation et utilisent l'avocat comme nouvelle source de revenus illicites. La région du Michoacán (sur la côte pacifique, au centre du pays) est devenue un territoire où protéger un fruit peut coûter la vie.

L'impact environnemental est aussi préoccupant. Produire un kilo d'avocats demande jusqu'à 2 000 litres d'eau, consommation massive qui pèse sur les écosystèmes locaux. Dans des régions déjà fragiles, cette culture intensive aggrave la crise de l'eau. À Petorca, au centre du Chili, l'une des principales zones de production, la forte demande mondiale a entraîné une expansion rapide des plantations, souvent contrôlées par de grandes entreprises agricoles. Ces dernières ont acquis des droits privés sur l'eau, privant les habitants des ressources indispensables. De nombreux habitants dénoncent des prélèvements illégaux et une irrigation excessive, qui réduisent considérablement l'accès à l'eau potable et aux cultures traditionnelles. Par ailleurs, au Kenya et en Colombie, l'extension rapide des plantations provoque une déforestation massive, souvent illégale, détruisant des habitats naturels et menaçant la biodiversité. Par Enfin, l'augmentation des températures, la multiplication des sécheresses et l'irrégularité des pluies rendent la culture de l'avocat difficile et instable. Alors, certaines multinationales déplacent leur production vers de nouvelles zones, souvent dans des pays du Sud où les réglementations environnementales sont moins strictes, aggravant les risques d'exploitation et d'inégalités sociales. Plusieurs enseignes européennes exigent désormais des certifications environnementales, des systèmes rigoureux de traçabilité et des chaînes d'approvisionnement responsables afin de limiter l'impact écologique et social de ce commerce florissant. Toutefois, ces efforts restent fragmentés et insuffisants à l'échelle mondiale. Au XXIe siècle, même un fruit peut devenir un symbole de pouvoir, de contrôle et de conflits.

FOCUS

En 2024, les Pays-Bas ont importé environ 518 000 tonnes d'avocats, faisant du pays le principal point d'entrée de ce fruit en Europe et le deuxième plus grand importateur mondial, juste après les États-Unis. C'est là que les avocats, souvent en provenance du Pérou, sont mûris, triés et redistribués vers d'autres pays comme la France, l'Allemagne et le Royaume-Uni. Les Pays-Bas sont aujourd'hui le troisième plus grand exportateur mondial d'avocats, sans aucune production locale, avec des réexportations estimées à 1,2 milliard de dollars en 2024. En analysant la consommation par habitant en Europe, la France reste leader avec 2,31 kilos consommés par habitant. Le Royaume-Uni demeure un concurrent important, avec 1,71 kilo, suivi par l'Allemagne avec 1,48 kilo et l'Italie avec 0,81 kilo par habitant. Le Pérou est devenu le principal fournisseur d'avocats en Europe, devant le Mexique, notamment grâce à l'augmentation des exportations d'avocats Hass.

À RETENIR

En quelques décennies, l'avocat est devenu un fruit emblématique de la mondialisation alimentaire. Symbole de bien-être et de mode de vie sain, il connaît un essor spectaculaire, stimulé par les réseaux sociaux et la demande croissante en Amérique du Nord, en Europe et en Chine. Mais derrière ce succès se cachent des réalités plus sombres : le Mexique, premier producteur, est confronté à la mainmise des cartels et à de fortes tensions sociales, tandis que la culture intensive exerce une pression alarmante sur l'eau et les écosystèmes (déforestation et privation des ressources locales). À cela s'ajoute la menace du changement climatique, qui accentue la fragilité de cette filière. L'avocat illustre ainsi les paradoxes d'un fruit devenu le véritable « or vert » de la planète.

L'AVOCAT DANS LE MONDE : PRODUCTION ET CONSOMMATION

5 PRINCIPAUX PRODUCTEURS
(en millions de tonnes, moyenne annuelle 2022-2024)

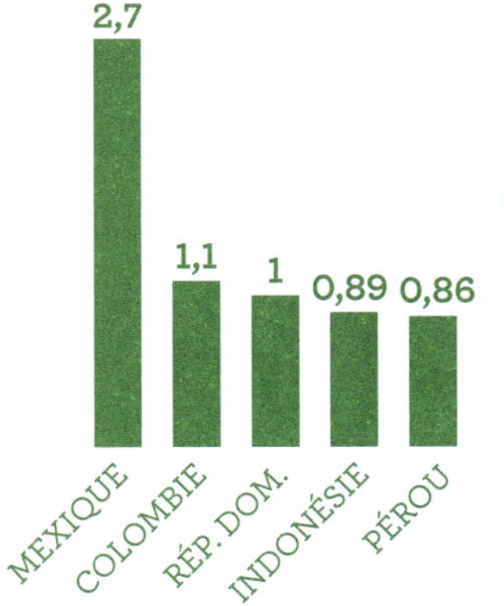

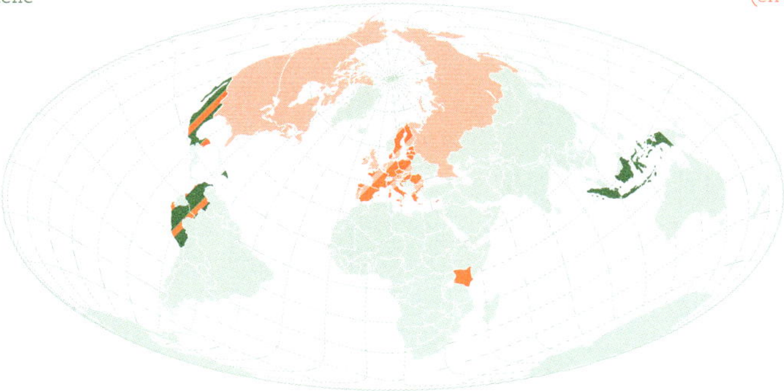

5 PRINCIPAUX EXPORTATEURS
(en millions de tonnes, moyenne annuelle 2022-2024)

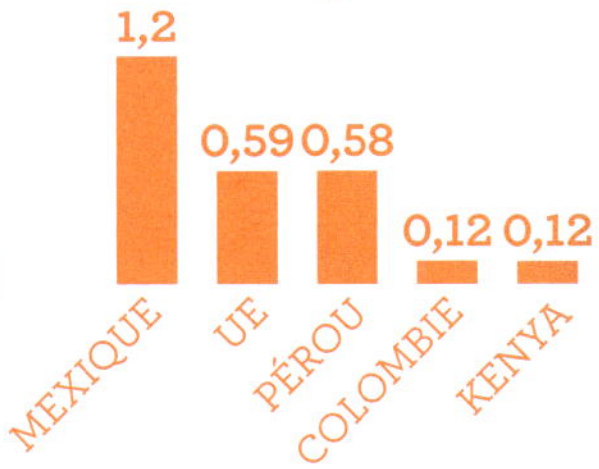

5 PRINCIPAUX CONSOMMATEURS EN EUROPE
(en kilogrammes par habitant, moyenne annuelle 2022/2023-2023/2024)

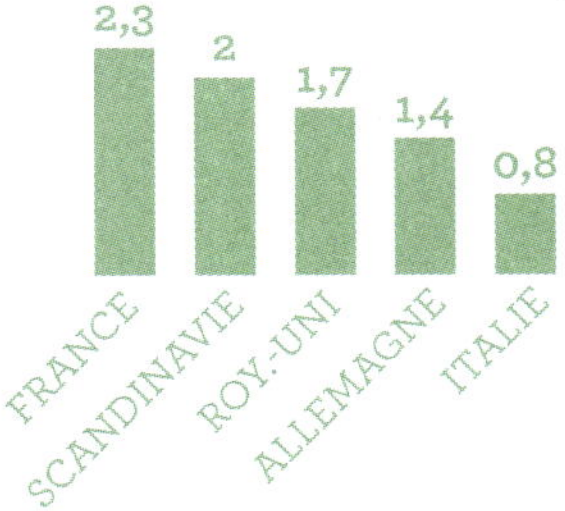

5 PRINCIPAUX IMPORTATEURS
(en millions de tonnes, moyenne annuelle 2022-2024)

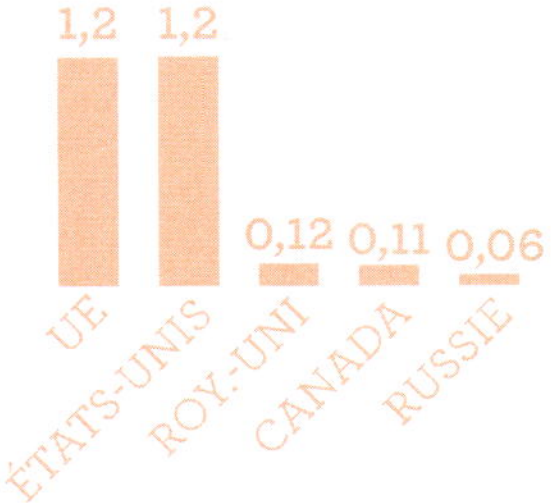

F!CHE 20 | Claire de Marignan

FICHE FICTION

FRANCE 4 : L'ÉMISSION

2055. Ce que les experts du Groupe d'experts intergouvernemental sur l'évolution du climat (GIEC) craignaient et n'osaient imaginer est désormais une réalité. Avec 4° C de réchauffement global, les cartes agricoles sont redessinées. Les vergers méditerranéens s'étendent aujourd'hui de plus en plus vers le nord, tandis que certaines régions du sud voient leurs productions traditionnelles s'effondrer faute d'eau. En France, les zones maraîchères du Sud-Ouest, soumises à des vagues de chaleur récurrentes, ont perdu en fertilité, forçant les agriculteurs à recourir massivement à l'irrigation ou à la serre renforcée.

LE NOUVEAU VISAGE DE L'AGRICULTURE

En Europe et partout sur la planète, les ressources en eau sont devenues un enjeu éminemment stratégique. Les États, les régions, voire les exploitations privées, s'arrachent les précieux droits à l'eau. Des quotas d'irrigation sont institués dans les pays d'Europe, révisés chaque année selon la disponibilité des réserves. Attribués par bassin-versant, ces quotas structurent désormais la carte agricole. Les producteurs capables d'obtenir des volumes garantis deviennent les nouveaux acteurs dominants tandis que ceux relégués aux quotas planchers sont contraints de réduire leurs surfaces ou de basculer vers des cultures sèches. Pour maintenir sa production globale de fruits et légumes, l'Union européenne (UE) a mis en place un plan d'adaptation massif : subventions à l'irrigation efficiente, développement de la recherche variétale, promotion de serres haute technologie.

Mais ces réponses ne suffisent pas toujours. Les étés suffocants, l'évaporation rapide, la diminution des nappes phréatiques poussent certains agriculteurs à abandonner l'activité. Parallèlement, la demande évolue. L'été prolongé et la disponibilité accrue de fruits méditerranéens et tropicaux dans toute l'Europe brouillent les repères traditionnels. La notion de saisonnalité se redéfinit : tomates en automne, courgettes en hiver, agrumes toute l'année. Ce dérèglement des cycles naturels modifie les habitudes alimentaires et la saisonnalité des repas, tout en alimentant de nouvelles inégalités entre exploitations qui ont su s'adapter et celles qui n'en ont pas les moyens.

NOUVEAUX DÉFIS, NOUVELLES OPPORTUNITÉS

Les régions les plus septentrionales, auparavant marginales en matière d'horticulture ou de viticulture sont devenues, dès les années 2030, des espaces compétitifs de premier plan. En France, les bassins de la Loire, de la Seine et du Nord-Pas-de-Calais accueillent désormais des cultures de légumes méditerranéens : tomates, aubergines, courgettes... Le calendrier des récoltes s'est profondément modifié. Les cycles deviennent parfois bimensuels, voire continus, pour certaines cultures protégées, mais au prix d'une forte pression sur les ressources en eau et d'un recours accru à des intrants techniques.

L'Europe ne dépend plus exclusivement du bassin traditionnel Espagne/Italie pour les tomates ou les agrumes mais voit émerger la « ceinture verte du Nord » qui traverse notamment le Royaume-Uni, les Pays-Bas, l'Allemagne et la Pologne, comme nouvel eldorado horticole.

> Chaque degré supplémentaire de réchauffement global réduira la capacité mondiale à produire de la nourriture de 4,4 % par personne et par jour.

Cette redistribution géographique de la production au sein de l'UE a reconfiguré les flux commerciaux. Les États du Nord, des Pays-Bas à la Norvège, sont devenus exportateurs nets de fruits et légumes, alors que les régions du sud de l'Europe consacrent davantage leurs ressources à des productions moins dépendantes de l'eau, comme les oléagineux ou les céréales.

Par ailleurs, l'irruption des ravageurs et de nouvelles maladies, favorisée par des hivers plus doux, transforme la gestion phytosanitaire en véritable arme géopolitique. Les frontières climatiques se sont effacées : la mouche méditerranéenne des fruits remonte désormais jusqu'au Benelux et de nouveaux virus végétaux, transportés par des insectes tropicaux, apparaissent chaque année depuis le début des années 2040. Les pays dotés d'infrastructures de recherche avancées et d'un accès privilégié aux biotechnologies imposent des normes phytosanitaires strictes à leurs partenaires commerciaux. Mais derrière l'argument sanitaire, ces normes deviennent un levier : elles déterminent qui peut exporter, qui doit investir massivement pour s'adapter et qui, faute de moyens, se trouve écarté des grands marchés. Dans un monde à + 4 °C, la sécurité alimentaire ne dépend plus seulement de la capacité à produire, mais de la capacité à se protéger... et à protéger ses marchés.

FOCUS

Le Rhône, jadis colonne vertébrale du maraîchage français, est devenu, en 2055, un fleuve imprévisible. Ses crues éclair succèdent à des étiages records, perturbant l'alimentation en eau des plaines agricoles de la basse vallée. Les producteurs de fruits d'été (pêches, abricots, melons…) voient leurs rendements s'effondrer, incapables de s'adapter à des variations hydrologiques extrêmes. Face à l'instabilité du fleuve, la compétition s'intensifie entre hydroélectricité, irrigation et eau potable, transformant chaque allocation de débit en arbitrage politique.
La France et la Suisse négocient désormais des « contrats de débit », instruments transfrontaliers qui fixent des volumes prioritaires en période de crise. Mais ces accords fragilisent les producteurs les plus dépendants. Le déclin du Rhône maraîcher redessine ainsi la carte fruitière nationale et renforce la dépendance française aux importations estivales, modifiant en profondeur les équilibres agricoles européens.

À RETENIR

À + 4 °C, la production de fruits et légumes en Europe et en France se réorganise : perte de production des zones méditerranéennes, essor des zones tempérées et forte concentration technologique. Géopolitiquement, l'enjeu porte essentiellement sur l'eau, les semences et la logistique. L'Union européenne conserve son poids industriel mais voit sa résilience territoriale fragilisée, transformant agriculture et commerce en champs de pouvoir et de négociation.

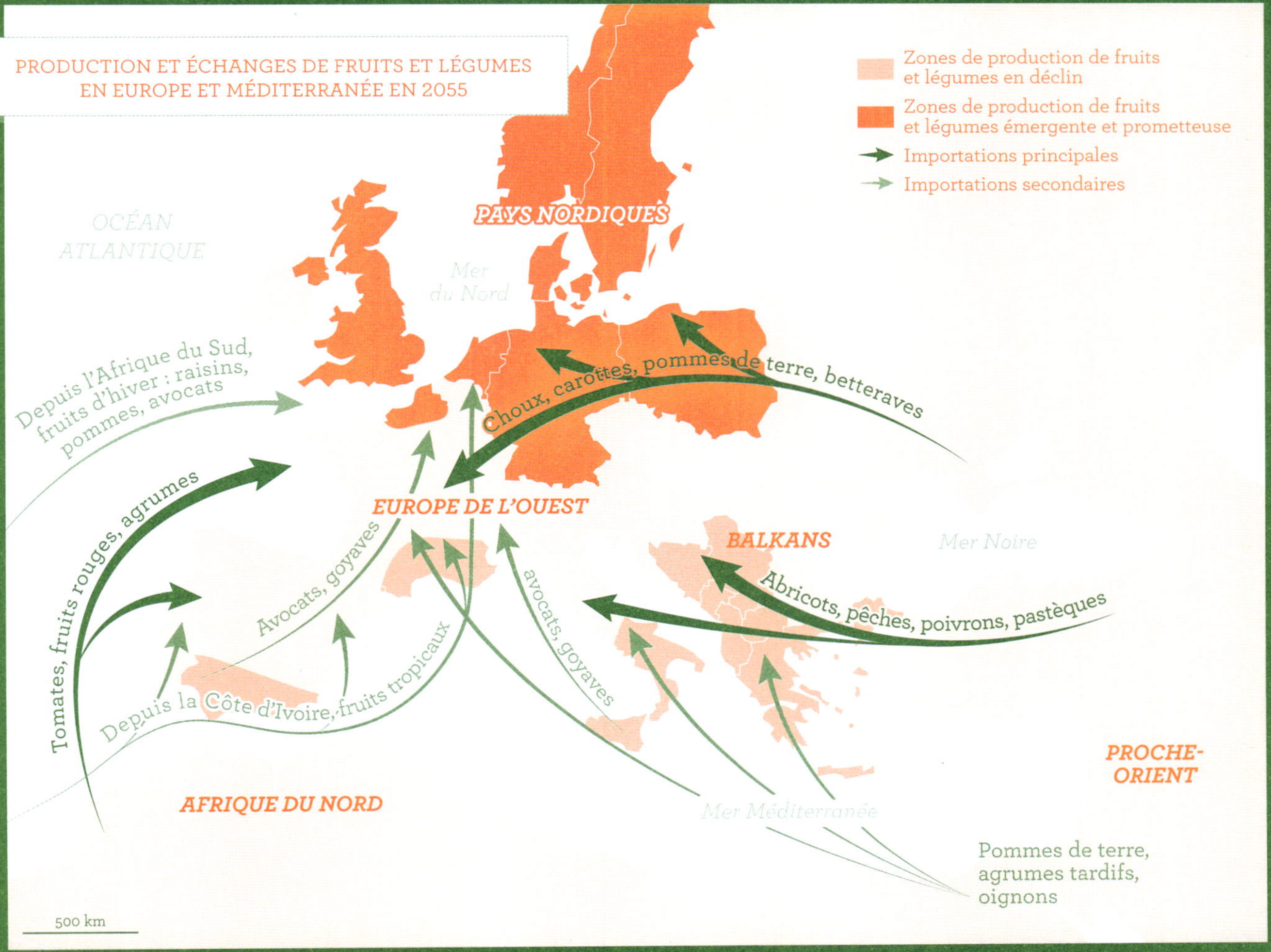
PRODUCTION ET ÉCHANGES DE FRUITS ET LÉGUMES
EN EUROPE ET MÉDITERRANÉE EN 2055
Zones de production de fruits et légumes en déclin
Zones de production de fruits et légumes émergente et prometteuse
Importations principales
Importations secondaires
OCÉAN ATLANTIQUE
PAYS NORDIQUES
Mer du Nord
Depuis l'Afrique du Sud, fruits d'hiver : raisins, pommes, avocats
Choux, carottes, pommes de terre, betteraves
EUROPE DE L'OUEST
Tomates, fruits rouges, agrumes
Avocats, goyaves
avocats, goyaves
BALKANS
Mer Noire
Abricots, pêches, poivrons, pastèques
Depuis la Côte d'Ivoire, fruits tropicaux
PROCHE-ORIENT
AFRIQUE DU NORD
Mer Méditerranée
Pommes de terre, agrumes tardifs, oignons
500 km

PARTIE 3

DU CHAMP À LA TABLE

FICHE 21 | Anissa Bertin

SEMENCE : L'IRREMPLAÇABLE

Qui maîtrise la semence ne choisit pas seulement une variété. Il influence les conditions mêmes de la production agricole. La géopolitique des fruits et légumes commence dans la graine.

UN POUVOIR CONCENTRÉ ET INSTITUTIONNALISÉ

Pendant des millénaires, conserver une partie de la récolte pour semer l'année suivante relevait d'un savoir-faire paysan. Cette autonomie bascule après la Seconde Guerre mondiale. Avec la priorité donnée aux rendements, les variétés hybrides, diffusées à partir des années 1950, s'imposent. Plus productives, elles installent progressivement une dépendance des agriculteurs à l'achat annuel de semences. À mesure que la technique progresse, le marché se concentre. Aujourd'hui, le marché des semences potagères représente entre 7 et 10 milliards de dollars, et cinq groupes dominent l'essentiel des ventes mondiales. Les variétés semblent innombrables ; leur contrôle, quant à lui, est très concentré.

> La France est le premier exportateur mondial de semences de grandes cultures et le deuxième toutes semences confondues, potagères incluses.

Ce pouvoir ne repose pas seulement sur l'économie. Il est aussi organisé par le droit. Depuis 1961, la protection internationale des obtentions végétales reconnaît la variété comme une création susceptible d'un monopole temporaire. Dans certains pays, aux États-Unis par exemple, des brevets couvrent même des caractéristiques génétiques spécifiques. Le vivant entre dans la propriété intellectuelle. De plus, l'accès au marché est filtré : toute variété doit être inscrite au catalogue officiel national après des essais stricts. Ce cadre garantit qualité et traçabilité mais limite l'offre variétale. Intégrer la génétique au droit n'est pas neutre : cela oriente l'innovation, structure l'offre variétale et façonne les systèmes alimentaires. Enfin, ce cadre juridique s'inscrit dans une gouvernance mondiale. Le Traité international sur les ressources phytogénétiques pour l'alimentation et l'agriculture (2001), ratifié par plus de 150 États, organise l'accès aux principales cultures alimentaires contre partage des bénéfices. En parallèle, un réseau mondial de banques de gènes préserve le patrimoine cultivé. Par exemple, la Réserve mondiale du Svalbard, en Norvège, constitue la garantie ultime : elle conserve plus d'un million de duplicatas déposés par des États et des institutions afin de sécuriser les ressources génétiques face aux crises. Les dépôts restent propriété des États. Ainsi, coopération internationale et souveraineté doivent coexister.

DÉPENDANCES ET SÉCURISATION DE LA GRAINE

De nombreux pays dépendent d'importations de semences potagères pour alimenter leurs marchés. La Russie en est un bon exemple : malgré l'embargo sur les légumes européens à partir de 2014, les importations de semences ont continué d'augmenter. La dépendance était plus profonde que l'interdiction commerciale. Conscient de cette vulnérabilité, Moscou investit désormais pour atteindre l'autosuffisance d'ici à 2030. Les États-Unis incarnent une autre configuration. Exportateurs majeurs de semences, ils ont vendu en 2024 pour plus de 600 millions de dollars de semences potagères, dont près de 40 % vers le Mexique. Ces graines alimentent une production destinée au marché américain : tomates, poivrons et concombres mexicains reviennent ensuite pour plusieurs milliards de dollars. Héritée de l'Accord de libre-échange nord-américain (ALENA) puis de l'Accord États-Unis, Mexique, Canada (United States-Mexico-Canada Agreement, USMCA), cette interdépendance structure la région et la rend sensible aux tensions commerciales.

La concentration du pouvoir semencier crée donc des dépendances et oblige aussi à coopérer. Parce que tout commence par la graine, aucun État ne peut ignorer les règles communes ou s'isoler totalement des flux mondiaux. À l'heure du changement climatique, l'enjeu se durcit. L'innovation variétale s'impose comme une réponse pour maintenir les rendements. Or, seuls les acteurs dotés de fortes capacités de recherche peuvent diffuser rapidement des variétés adaptées. La dépendance commerciale devient ainsi technique. Dans ce contexte, l'Asie-Pacifique, portée par la Chine, concentre près de la moitié du marché mondial des semences de légumes. Pékin investit massivement dans la recherche pour sécuriser son approvisionnement et inscrire les semences dans sa stratégie commerciale, notamment dans le cadre de ses partenariats via les « nouvelles routes de la soie ». La maîtrise génétique devient un levier d'influence à l'échelle internationale.

FOCUS

Au lendemain de la Seconde Guerre mondiale, l'Europe a faim. Accroître les rendements et limiter les importations deviennent une priorité stratégique. Les recherches en sélection variétale aboutissent alors aux hybrides dits « F1 » : des semences issues du croisement contrôlé de deux lignées parentales, donnant une première génération homogène et très productive. À partir des années 1950, ces variétés se diffusent progressivement. Les rendements augmentent, les récoltes deviennent plus régulières, soutenant la croissance démographique et l'urbanisation européennes. Mais la spécificité des F1 est déterminante : les graines récoltées sur ces plantes ne reproduisent pas les mêmes performances l'année suivante. Pour conserver les mêmes rendements, il faut donc racheter chaque année des hybrides F1. Née d'une urgence de reconstruction, l'hybridation fonde un modèle agricole moderne et structurellement dépendant.

À RETENIR

Maîtriser les semences potagères, c'est peser sur la production. Or, ce pouvoir est aujourd'hui concentré économiquement et encadré juridiquement. Le contrôle de la sélection génétique crée des dépendances entre États, qui doivent sécuriser leurs approvisionnements par des alliances et des partenariats. À l'ère du changement climatique, cette maîtrise variétale devient un levier stratégique de souveraineté et de sécurité alimentaire.

GÉOGRAPHIE MONDIALE DES SEMENCES POTAGÈRES

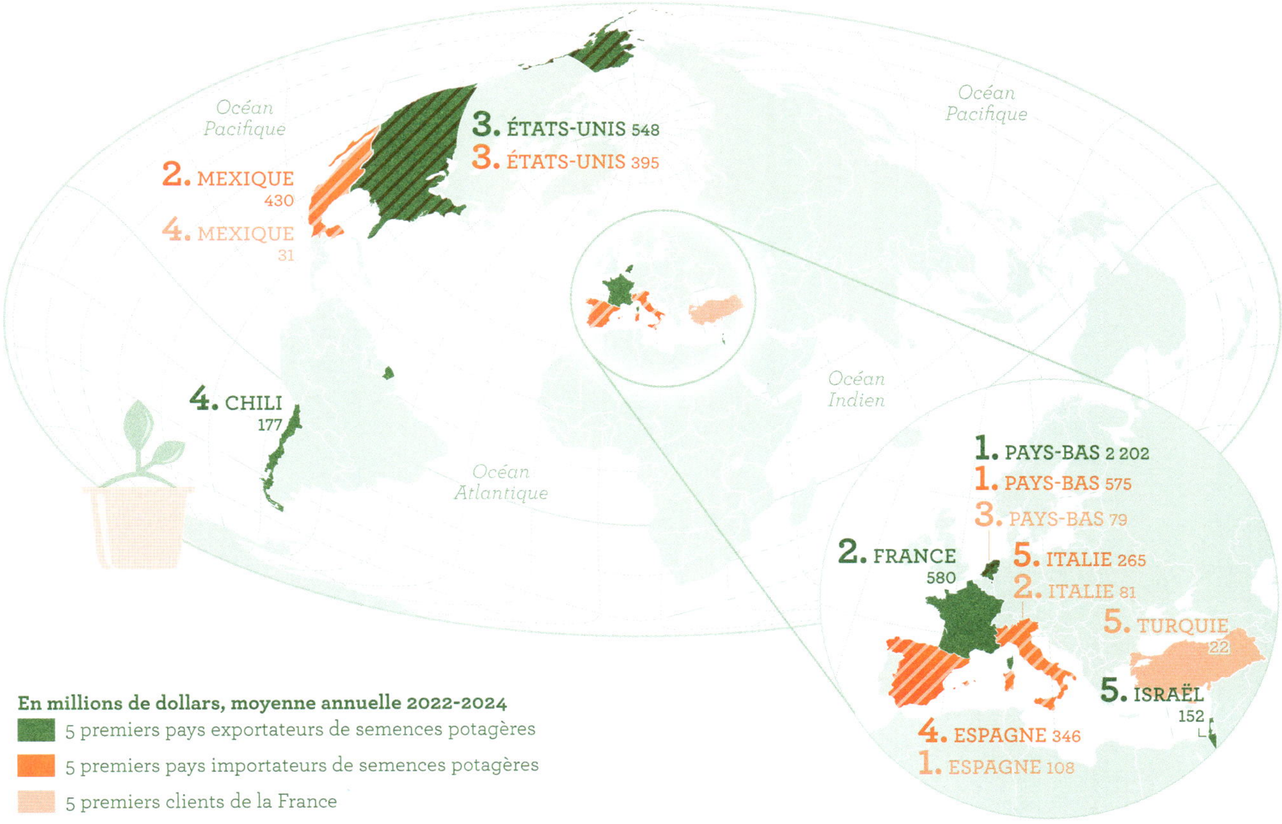

En millions de dollars, moyenne annuelle 2022-2024

- 5 premiers pays exportateurs de semences potagères
- 5 premiers pays importateurs de semences potagères
- 5 premiers clients de la France

FICHE 22 | Sébastien Abis

HUMANITÉS : L'AVENIR

La production et la disponibilité de fruits et légumes sont le plus souvent analysées à l'aune des conditions climatiques, des rendements ou du fonctionnement des chaînes logistiques. Ce serait pourtant oublier l'essentiel : des femmes et des hommes, sans lesquels aucune récolte et aucune offre alimentaire ne tiendraient.

UNE MOSAÏQUE SOCIALE

L'agriculture, dans toutes ses composantes, reste de loin le premier employeur de la planète, avec environ un milliard de personnes, soit 25 % des actifs. Dans de nombreux pays encore, elle assure la majorité de l'emploi, notamment en milieu rural. Les fruits et légumes, qui occupent environ 8 % des terres agricoles cultivées et génèrent près de 20 % de la production agricole mondiale, mobilisent à ce titre un volume considérable de main-d'œuvre. Il n'existe pas de statistiques globales précises sur l'emploi dans ces filières, qui figurent parmi les activités agricoles les plus intensives en travail.

Arboriculture et maraîchage reposent sur des opérations nombreuses, répétées et délicates : plantation, taille, éclaircissage, récolte manuelle, tri, conditionnement. La mécanisation y progresse mais demeure partielle tant les exigences de qualité, de fraîcheur et de sélectivité demeurent élevées. Toutefois, la montée en puissance des cultures sous serre et le vieillissement des populations agricoles, deux dynamiques observables sur l'ensemble des continents, pourraient accélérer, plus rapidement que prévu, l'irruption de la robotique dans ces filières. La cueillette, le traitement et le conditionnement des produits, longtemps dépendants du travail manuel, deviennent des cibles prioritaires pour l'automatisation, à mesure que les contraintes de pénurie de main-d'œuvre, de coûts et de pénibilité s'intensifient.

Fruits et légumes emploient massivement mais protègent insuffisamment. Dans de nombreuses régions, l'économie informelle ou faiblement encadrée persiste, notamment lors des pics saisonniers de production, La précarité des droits sociaux domine alors : contrats temporaires, emplois à la journée ou non déclarés, paiement en espèces, sans oublier le travail familial non rémunéré ou celui des enfants...

UN PARADOXE SOCIÉTAL

Les filières fruits et légumes sont souvent présentées comme les plus emblématiques des circuits courts, en raison du caractère périssable des produits. La proximité géographique entre lieux de production et de consommation y joue effectivement un rôle déterminant, notamment dans les grandes villes d'Europe et d'Amérique du Nord, où les citoyens expriment une attente croissante de végétal local, frais et peu transporté. Le nombre de kilomètres parcourus par les aliments est scruté, voire politisé. Si les fruits et légumes ne doivent pas trop voyager, celles et ceux qui les produisent, eux, le font de plus en plus. La main-d'œuvre arboricole et maraîchère traverse les frontières pour travailler quelques semaines ou quelques mois dans les champs et les serres, faute de bras suffisants localement. Les étals valorisent la proximité des produits ; le travail humain, lui, reste relégué dans l'ombre.

La tendance n'est pas nouvelle mais s'amplifie. En Californie, véritable jardin potager des États-Unis, les filières fruits et légumes ne tiendraient pas sans les travailleurs venus d'Amérique centrale et d'Amérique du Sud. Le recours aux travailleurs étrangers dans l'agriculture et l'agro-industrie européennes est également devenu stratégique pour garantir les productions et les cadences logistiques. Rappelons les entorses faites aux mesures sanitaires durant la Covid-19 afin que les consommateurs puissent bénéficier sans rupture de ces fruits et légumes lors de leurs courses en ligne ou minutées en supermarché. En laissant de la main-d'œuvre saisonnière agricole circuler à travers le continent, l'objectif était clair : éviter qu'une privation alimentaire ne se superpose aux confinements temporaires.

Derrière ces rappels, une alerte. Sommes-nous entrés dans une nouvelle phase de concurrence productive où la ressource critique ne serait plus la terre ou l'eau uniquement, mais le travail humain lui-même ? Dans les filières fruits et légumes, la rivalité s'intensifie entre pays et régions pour attirer des travailleurs de moins en moins nombreux, mais aux exigences accrues. Et comme le protectionnisme revient à la mode, y compris sur le plan socioculturel, la robotique pourrait envahir des systèmes agricoles en manque de bras. Sauf que pour les fruits et légumes, l'innovation ne permet pas encore de garantir les volumes massifs, les qualités et les prix accessibles attendus des consommateurs.

40 %

des agriculteurs dans le monde sont des femmes. En Afrique, plus d'une femme sur deux avec un emploi déclaré travaille dans le secteur agricole.

FOCUS

Le débat sur l'immigration reste largement prisonnier d'approches idéologiques, alors qu'il représente un vrai enjeu économique. Le travail est l'angle mort du débat migratoire en France. Or, pour le secteur agricole et agroalimentaire, cette question est centrale. Vieillissement démographique, pénurie structurelle de main-d'œuvre, concurrence internationale accrue : la capacité à produire dépend de plus en plus de l'accès au facteur travail. Ces secteurs pourraient devenir des espaces majeurs d'accueil, à condition de structurer les parcours (formation, reconnaissance des compétences, mobilité territoriale, conditions de travail et de logement). L'absence de réflexion rationnelle à propos du rôle de l'immigration ou des travailleurs saisonniers étrangers n'est-elle pas étonnante à l'heure où la souveraineté alimentaire ne cesse d'être décrétée ? En France, il y a 77 000 travailleurs saisonniers agricoles étrangers, soit environ 10 % de la population active agricole. Parmi eux, 40 % sont employés dans le maraîchage et l'arboriculture.

À RETENIR

Les fruits et légumes pourraient-ils manquer de bras ? C'est une vraie problématique dans les pays où l'emploi agricole est déjà très faible en proportion du nombre de travailleurs. Derrière le discours du local et du durable, la souveraineté alimentaire commence moins dans les sols que dans la capacité à faire venir – ou à retenir – de la main-d'œuvre étrangère. À défaut de construire une vision politique et économique sur cette vulnérabilité, la robotisation, avec son lot d'intelligences artificielles, pourrait progresser. Moins d'humanité dès lors dans l'assiette végétale de demain ?

EMPLOIS SAISONNIERS AGRICOLES EN FRANCE : LA PART BELLE AUX FRUITS ET LÉGUMES

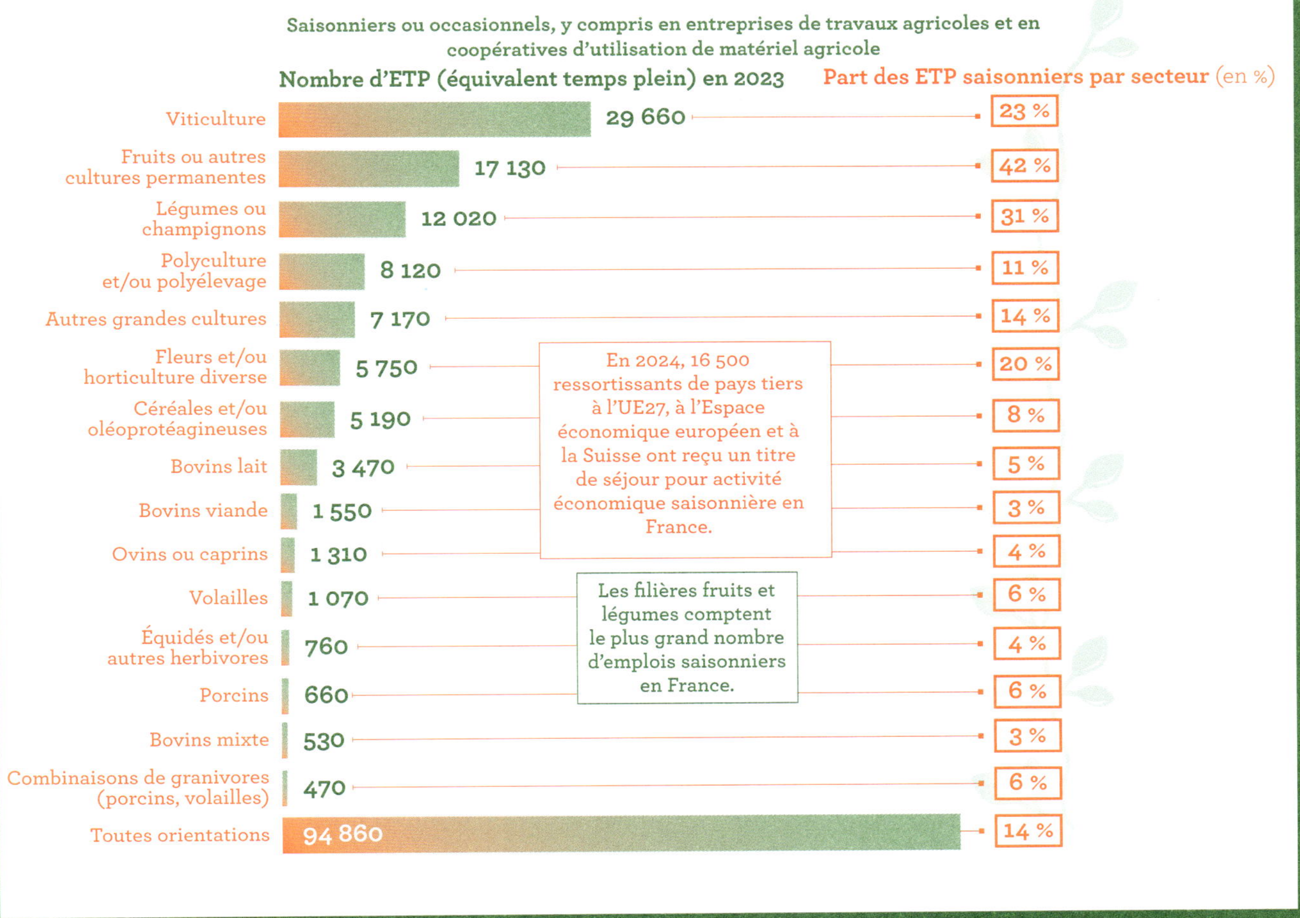

FICHE 23 | Anissa Bertin

CONSOMMATION : SANS FAIM

Aujourd'hui, la consommation de fruits et légumes ne s'aligne plus d'abord sur les cycles de récolte mais sur un temps social, culturel et commercial : festivités, quête de confort, pics de désir. Ce décalage oblige les territoires producteurs à s'adapter en permanence. Se dessine ainsi une géopolitique moins visible mais décisive : celle où le désir structure les flux autant, sinon plus, que la saison.

TEMPS DE L'ASSIETTE CONTRE TEMPS AGRICOLE

La production de fruits et légumes demeure fondamentalement saisonnière, dépendante du climat et des cycles biologiques. Pourtant, pour le consommateur, cette saisonnalité est devenue presque invisible. L'offre crée l'illusion d'une continuité permanente, au prix d'un décalage structurel entre le temps agricole et le temps social. Le stockage sous froid et sous atmosphère contrôlée prolonge la présence des fruits et légumes bien au-delà de leur récolte – certaines pommes pouvant par exemple être conservées jusqu'à neuf mois. La chaîne du froid et la maturation artificielle allongent encore les distances et les durées de circulation. Le commerce international complète cet édifice en organisant une rotation permanente entre bassins de production et de consommation. Certaines régions exportatrices fonctionnent ainsi comme des « saisons externalisées » pour les grands marchés européens, nord-américains ou est-asiatiques. La saison ne disparaît pas : elle est déplacée, fragmentée et compensée. Des territoires se spécialisent pour alimenter des marchés lointains, tandis que d'autres deviennent dépendants de flux mondialisés pour maintenir l'abondance.

Ce rapport à la saisonnalité demeure socialement différencié. Certaines personnes mangent des fruits et légumes de saison par choix écologique ou politique ; d'autres y sont contraintes, les produits de saison restant souvent les plus accessibles financièrement. Pour la majorité toutefois, la désaisonnalisation est désormais intégrée au fonctionnement ordinaire du marché.

QUAND LES FRUITS SUIVENT LA FÊTE

À l'échelle mondiale, la consommation de certains fruits se concentre et s'intensifie sur quelques moments clés, au point de reconfigurer les volumes produits et les flux commerciaux.

En Chine, la cerise constitue un cas d'école. Fruit emblématique du Nouvel An lunaire, offert en coffrets et associé à la prospérité, elle a vu sa demande exploser avec l'essor des classes moyennes urbaines. Pour y répondre, le Chili – alors exportateur marginal vers la Chine au début des années 2000 – a progressivement réorienté sa filière. Cette bascule s'inscrit dans un cadre politique précis ; en 2005, le Chili devient le premier pays d'Amérique latine à signer un accord de libre-échange avec la Chine. La suppression des droits de douane et la sécurisation des échanges sanitaires ont fourni les conditions d'une spécialisation rapide. En deux décennies, la Chine est devenue le débouché quasi exclusif des cerises chiliennes. Production, calendrier de récolte, standards de qualité ont été ajustés à l'échéance du Nouvel An. Ce basculement se lit jusque dans les infrastructures, comme avec le Cherry Express, un service maritime conçu spécifiquement pour relier le Chili à la Chine dans un délai compatible avec les exigences commerciales du Nouvel An lunaire. Cette spécialisation du Chili rend la filière performante mais très vulnérable. Le calendrier de cette fête dicte la fenêtre commerciale et la moindre défaillance de qualité entraîne des refus immédiats.

> En 2024, le Chili a exporté près de 90 % de ses 597 000 tonnes de cerises, dont plus de 80 % vers la Chine.

Le raisin illustre une autre forme de pouvoir de la demande. En Europe occidentale, sa consommation demeure saisonnière – avec un pic à l'automne – mais sa disponibilité est désormais continue. Surtout, les critères de consommation se sont déplacés vers la praticité. Les variétés sans pépins se sont imposées dans les rayons, en réponse aux usages de snacking et à l'alimentation des enfants. L'essor de variétés dites « plaisir », aux saveurs atypiques, type Cotton Candy, avec un goût comparé à celui de la barbe à papa, prolonge cette logique : le fruit est jugé pour l'expérience qu'il promet, largement amplifiée par les réseaux sociaux. Bien que marginales en volume, ces innovations orientent durablement la sélection variétale, la recherche et le marketing des filières.

FOCUS

À première vue, une framboise enrobée de chocolat semble anecdotique. Pourtant, le succès en France des pots de framboises surgelées popularisés sur TikTok depuis fin 2024 en dit long sur notre rapport à l'alimentation. Près de six euros les 150 grammes : malgré les tensions sur le pouvoir d'achat, le prix ne freine pas. Vidéos virales, ruptures de stock relayées par les enseignes... ici, la viralité a créé la demande. Snacking, plaisir, déculpabilisation : le chocolat autorise la gourmandise, la framboise sert d'alibi. « C'est un fruit », donc pas tout à fait une confiserie.
Or, la framboise est l'un des fruits les plus saisonniers et les plus fragiles. L'Europe en importe dé à massivement (près de 178800 tonnes en 2024). Surgélation et enrobage l'extraient de son calendrier. Ce qui compte n'est plus le fruit mais l'effet qu'il produit et la capacité des filières à nourrir la tendance sans rupture.

À RETENIR

La saison de récolte compte de moins en moins face au moment où le consommateur veut manger des fruits et des légumes. Stockage, rotation des hémisphères, transformation et innovation variétale permettent de satisfaire ces attentes, mais au prix d'une réorganisation des filières et des flux commerciaux. Avec les exemples de la cerise en Chine ou du raisin en Europe, ce n'est plus la nature qui fixe le rythme mais la demande sociale, festive ou pratique, qui impose son propre calendrier aux territoires producteurs et reconfigure ainsi les équilibres géopolitiques.

J	F	M	A	M	J	J	A	S	O	N	D

Cerise — Récolte et consommation en Chine

Récolte : Mai – Juillet

Consommation réelle : Janvier – Février

Nouvel An chinois

Solution ☑ Importations depuis le Chili par conteneurs réfrigérés

Framboise — Récolte et consommation en France

Récolte : Juin – Août

Consommation réelle : Toute l'année

Solution ☑ Framboise enrobée et importation/surgélation en France
(la consommation-enrobage permet la commercialisation hors saison)

Raisin de table — Récolte et consommation en France

Récolte : Août – Octobre

Consommation réelle : Toute l'année

Solution ☑ Importations depuis l'Italie, l'Espagne et l'hémisphère sud

FICHE 24 | Sébastien Abis

LOGISTIQUE : L'INCONTOURNABLE

EN ROUTE...

Passons l'étape des cueillettes et des ramassages, qui nécessite déjà matériels et outillages, dépassant de loin le bucolisme d'un jardin où seule la brouette suffirait pour transporter les récoltes. En agriculture, grandes caisses, machines techniques, systèmes de conditionnement et moyens de transport s'agitent dans un ballet impressionnant lorsqu'il faut optimiser le temps pour garantir la sécurité sanitaire des productions. Fruits et légumes poursuivent leur vie après les champs ou les serres, en maturant jusqu'aux passages dentaires que nous leur faisons subir. Et nous sommes exigeants : ils doivent être beaux, bons, nutritifs et sûrs. Il faut donc soigner cette chaîne qui s'étire entre leur récolte et leur consommation.

Pour les produits frais, le temps est un adversaire. Il faut protéger immédiatement, embarquer sans délai et mettre en mouvement – vers les plateformes de distribution, ou vers les industries de transformation. Dans la logistique des denrées périssables, rien n'est secondaire. Température, humidité, ventilation et composition de l'atmosphère forment un système de variables critiques à maîtriser sans discontinuité. Quels que soient l'itinéraire, la distance ou le mode de transport, le maintien de températures appropriées est fondamental : préservation des qualités organoleptiques, réduction des gaspillages, conservation des fruits et légumes. L'apport de froid est l'ossature stratégique de cette infrastructure aux multiples étapes et équipements spécialisés. Sans lui, les pertes s'additionnent : ressources naturelles mobilisées pour produire, récoltes compromises, revenus évaporés. Quand ils voyagent, sur terre, rail ou mer, les fruits et légumes ont besoin de cette réfrigération, via des containers dits *reefer*, qui permettent de paramétrer cette maîtrise thermique et de la piloter en permanence.

Après ces parcours arrivent d'autres moments clés. Et notamment l'éclatement des volumes au sein de marchés de gros. Là s'effectue la vente des produits entre les professionnels du commerce de détail, de la restauration et de l'industrie, mais aussi les acteurs de la grande distribution (principalement à travers leurs centrales d'achat). Comme les fruits et légumes sont fragiles et périssables, ces plateformes logistiques, où l'on stocke, trie, calibre et reconditionne parfois, favorisent la concentration d'une offre multi-origines abondante, assurent la fluidité des flux grâce à des arrivages quotidiens et contribuent à la formation continue des prix. En outre, les marchés de gros disposent d'entrepôts, de quais et de chambres froides pour que les produits gardent leur saveur et leur performance. Ils passent d'ailleurs au contrôle sanitaire dans ces zones très surveillées. Partout dans le monde, elles contribuent à la sécurité alimentaire des métropoles.

Puis, les derniers kilomètres. Pour arriver dans la cave d'un primeur de centre-ville, qui aura à cœur de les mettre sur ses étals fixes ou mobiles, dans ces marchés qui restent une tradition appréciée pour les courses en produits frais. Cette réalité n'a pas empêché de voir de plus en plus les fruits et légumes débarquer dans les supermarchés, où ils sont brumisés et valorisés dans des rayons prisés des consommateurs.

DÉ-RISQUER : UN IMPÉRATIF

Pour que cette mécanique fonctionne, encore faut-il que l'ensemble des infrastructures et des chaînes logistiques reste opérationnel. La météo n'est jamais neutre. Par ailleurs, des grèves de camionneurs, de dockers ou de douaniers peuvent réduire ou paralyser les mobilités. L'énergie s'avère essentielle. Si son coût augmente, l'inflation induite sur la chaîne est alors fréquente. Mais elle peut aussi manquer, à cause de ruptures accidentelles ou intentionnelles dans l'approvisionnement. À cela s'ajoute un défi mondial majeur : la lutte contre les gaspillages alimentaires. Il ne faudrait pourtant pas négliger une autre source de pertes, plus opaque : les détournements. Des organisations criminelles peuvent investir les filons de l'alimentaire pour capter de la valeur, s'accaparer des filières ou exploiter des flux pour dissimuler des trafics illicites. La banane sud-américaine est l'un des exemples les plus emblématiques. C'est le fruit le plus exporté de la planète ; autant mettre de la cocaïne à l'intérieur des cartons, accrochée aux palettes ou dans les parois des conteneurs…

> Un quart des pertes postrécolte de fruits et légumes dans le monde sont dues à l'absence de chaîne du froid.

Dernier point : les fruits et légumes sont de plus en plus surveillés via des dispositifs de traçabilité, lot par lot, parfois unité par unité, le long de la chaîne. Stickers et autocollants renseignent sur l'origine et le mode de production. Codes-barres et QR codes apposés sur les cagettes ou les barquettes donnent accès à des informations plus détaillées : provenance précise, date de récolte, conditions de transport, voire empreinte carbone. À l'échelle logistique, conteneurs, cartons et palettes sont équipés de puces RFID et de capteurs connectés qui enregistrent températures, humidité et incidents. La blockchain s'impose progressivement pour sécuriser et horodater ces données.

FOCUS

Avec 235 hectares, plus de 12 000 entreprises et environ 3 millions de tonnes de produits frais échangés chaque année, Rungis est le premier marché de gros au monde. Situé au sud de Paris depuis 1969, c'est l'un des maillons clés de la sécurité alimentaire française. Chaque nuit, des flux venus de toutes les régions européennes, et parfois même de plus loin, convergent vers ce hub, avant d'être redistribués vers la grande distribution, les restaurants et les commerces de proximité. Près de 15 000 personnes y travaillent. Rungis est l'un des fers de lance du rayonnement de la France à l'international. Nombreuses sont les métropoles qui s'en inspirent et demandent l'expertise de cette place forte où les fruits et légumes figurent parmi les principales denrées en transit. En France, d'autres marchés de gros émaillent le pays, comme Corbas, près de Lyon, ou Lomme, en lisière de Lille.

À RETENIR

À l'ère des dérèglements climatiques et géopolitiques, la logistique des produits frais gagne en complexité et en centralité stratégique. Exposée aux chocs énergétiques, sociaux et sécuritaires, elle conditionne désormais l'approvisionnement des pays et la résilience alimentaire des territoires. La capacité à maintenir le froid, à maîtriser la donnée et à sécuriser les flux pèse autant que celle à produire fruits et légumes. Autrement dit, après les champs, ce sont les entrepôts, ports et algorithmes qui prennent le relais : des espaces de pouvoir, de vulnérabilités et de convoitises.

UN EXEMPLE DE PARCOURS (GÉOPOLITIQUE) POUR DES FRUITS ET LÉGUMES DANS LE MONDE

Zones de production 1

- **Amérique latine • Afrique • Méditerranée • Asie**
- Pouvoir climatique + main-d'œuvre
- Dépendance aux intrants et au froid initial

Pré-refroidissement et conditionnement 2

- **Stations • Coopératives • Agro-industrie**
- Premier verrou stratégique : sans froid précoce, pertes irréversibles

Routes internationales 3

- **Routes • Corridors ferroviaires • Routes maritimes**
- Zones de tension :
  - énergie (carburants, électricité)
  - grèves et conflits
  - criminalité organisée

Hubs et ports mondiaux 4

- **Rotterdam • Anvers • Algésiras • Tanger Med**
- Nœuds de pouvoir :
  - contrôle des flux
  - inspections sanitaires
  - captation de valeur

Marchés de gros 5

- **Rungis • Milan • Madrid • Hambourg**
- Sécurité alimentaire urbaine
- Formation des prix
- Forte dépendance énergétique

Distribution et villes 6

- **Supermarchés • Restauration • Primeurs**
- Dernier kilomètre = zone de gaspillage
- Sensibilité sociale (prix, pénuries)

Consommateurs 7

- **Accès • Prix • Diversité**
- Stabilité ou tensions sociales

FICHE 25 | Diane Mordacq

CONSERVATION : L'INDISPENSABLE

Très sensibles et fortement gaspillés, les fruits et légumes voient leur durée de vie prolongée par des procédés de conservation aux implications multiples.

AVANTAGES DE LA CONSERVATION

La maturation des fruits et légumes est régulée par l'éthylène, un gaz naturellement présent dans leurs tissus. Certains fruits et légumes émettent peu de ce gaz, tandis que d'autres en produisent beaucoup (pommes, avocats...) ; de même, alors que certains y sont peu sensibles, d'autres réagissent fortement à sa présence (kiwis, courgettes...). Le vieillissement de ces végétaux peut également être accéléré par des facteurs externes liés à l'environnement, tels que la température, l'humidité, la ventilation, la lumière ou les chocs, ce qui fait des fruits et légumes des produits sensibles. À l'échelle mondiale, ils constituent près de la moitié du 1,3 milliard de tonnes d'aliments gaspillés. La conservation sous forme de surgélation ou la mise en conserve permettent d'allonger la durée de vie des produits de plusieurs années, ce qui limite ainsi leur gaspillage. Transformés dès la sortie de champ, les fruits et légumes conservés ont l'avantage d'être récoltés à maturité optimale, lorsqu'ils sont les plus nutritifs mais également lorsque les cours du marché sont aux plus bas, ce qui permet de proposer des produits de qualité et accessibles. La majorité des fruits et légumes conservés que nous consommons est conditionnée par des entreprises disposant du matériel et des

> Le stockage des aliments surgelés à – 15 °C au lieu de – 18 °C réduirait la consommation des congélateurs de 10 % en conservant la qualité des produits.

compétences nécessaires. Mais certains particuliers reproduisent ces procédés à domicile, courant parfois le risque, pour les conserves, de voir se développer la bactérie *Clostridium botulinum* responsable du botulisme.

RESSOURCES NÉCESSAIRES

En faisant chuter la température des aliments en quelques minutes, la surgélation (≤ – 18 °C) permet de préserver un niveau optimal de vitamines, minéraux et autres nutriments essentiels contenus dans les fruits et légumes. Reconnu pour ses qualités de conservation, ce procédé est néanmoins très énergivore et émetteur de gaz à effet de serre. C'est également le cas de la fabrication d'emballages nécessaires au conditionnement des produits (le mois d'août 2025 a été marqué par l'échec du troisième round des négociations onusiennes sur la lutte contre la pollution plastique) et celle de boîtes en acier et aluminium nécessaire à la fabrication de conserves alimentaires. Une fois produites, ces dernières peuvent néanmoins être recyclées à l'infini sans perdre leurs propriétés ou leurs performances techniques. Considérées comme une solution économique, d'autant plus que leur stockage ne nécessite pas de ressources particulières, les conserves sur le marché pâtissent de la hausse des prix des matières premières agricoles et des métaux, eux aussi sensibles aux tumultes internationaux tels que la reprise post-Covid-19 ou la guerre tarifaire menée par Donald Trump (depuis 2025, une taxe à l'importation de 50 % est appliquée à l'acier et à l'aluminium).

COMMERCE DE PRODUITS SURGELÉS

Au-delà de leurs qualités nutritionnelles, les fruits et légumes surgelés séduisent les consommateurs par leur praticité : ils permettent de disposer à tout moment de l'année de la quantité exacte de produits, prêts à l'emploi. Entre 2019 et 2024, le commerce de fruits surgelés est passé de 5,3 milliards de dollars à 7,5 milliards de dollars (+ 42 %) et celui de légumes surgelés de 7,1 milliards de dollars à 8,6 milliards de dollars (+ 21 %). Cependant, la pénétration de ces produits sur les marchés nécessite des investissements, aux niveaux national et domestique. En Chine, grâce aux moyens déployés dans le New International Land-Sea Trade Corridor, une autoroute commerciale terrestre et maritime moderne reliant l'intérieur du pays au commerce international, les régions de l'ouest chinois peuvent désormais être approvisionnées en produits étrangers surgelés, notamment en durians thaïlandais. En parallèle, en France, où plus de 90 % des ménages disposent d'un congélateur, son utilisation représente à elle seule 14 % de la consommation annuelle d'électricité, ce qui est loin d'être une dépense anecdotique. Ainsi, certaines régions du monde, à l'instar de l'Afrique, sont encore éloignées de ces tendances de consommation, même si le développement de technologies telles que les congélateurs équipés de panneaux solaires pourrait changer la donne. Finalement, ne seraient-ce pas les fruits et légumes lyophilisés qui représentent l'avenir de notre consommation ? Ce procédé consiste à congeler les aliments puis à retirer l'eau par sublimation, ce qui permet de conserver 95 % des nutriments pendant plusieurs années, sans besoin de stockage au froid, et en réduisant les volumes transportés.

FOCUS

En France, un tiers des surfaces cultivées en légumes est dédié à la filière légumes en conserve et surgelés. Près de 4500 agriculteurs sont engagés dans cette production, qui génère 302 millions d'euros de chiffre d'affaires agricole. Leur production alimente 23 sites de transformation administrés par 10 industriels, qui dégagent de leurs activités 1,1 milliard d'euros de chiffre d'affaires industriel. Bien que la France soit le premier fabricant européen de légumes en conserve (hors tomates) et le quatrième de légumes surgelés, près des deux tiers des produits consommés sont importés. La balance commerciale était déficitaire de 145 millions d'euros pour les légumes en conserve (2023) et de 286 millions d'euros pour les légumes surgelés (2024). Entre 2020 et 2024, les prix d'achat proposés aux ménages ont augmenté de 29 % pour les légumes en conserve, de 20 % pour les légumes surgelés et de 25 % pour les légumes frais.

À RETENIR

Les fruits et légumes constituent un pilier d'une alimentation saine et équilibrée. Cependant, une grande partie d'entre eux est gaspillée. Des procédés tels que la surgélation ou la mise en conserve permettent d'allonger leur durée de vie jusqu'à plusieurs années, ce qui augmente ainsi leur destinée alimentaire. Les produits surgelés, dont le procédé est plébiscité pour son respect de la qualité des produits, connaissent un véritable essor. Leur achat relève désormais d'un véritable choix de consommation plutôt que d'une solution de repli.

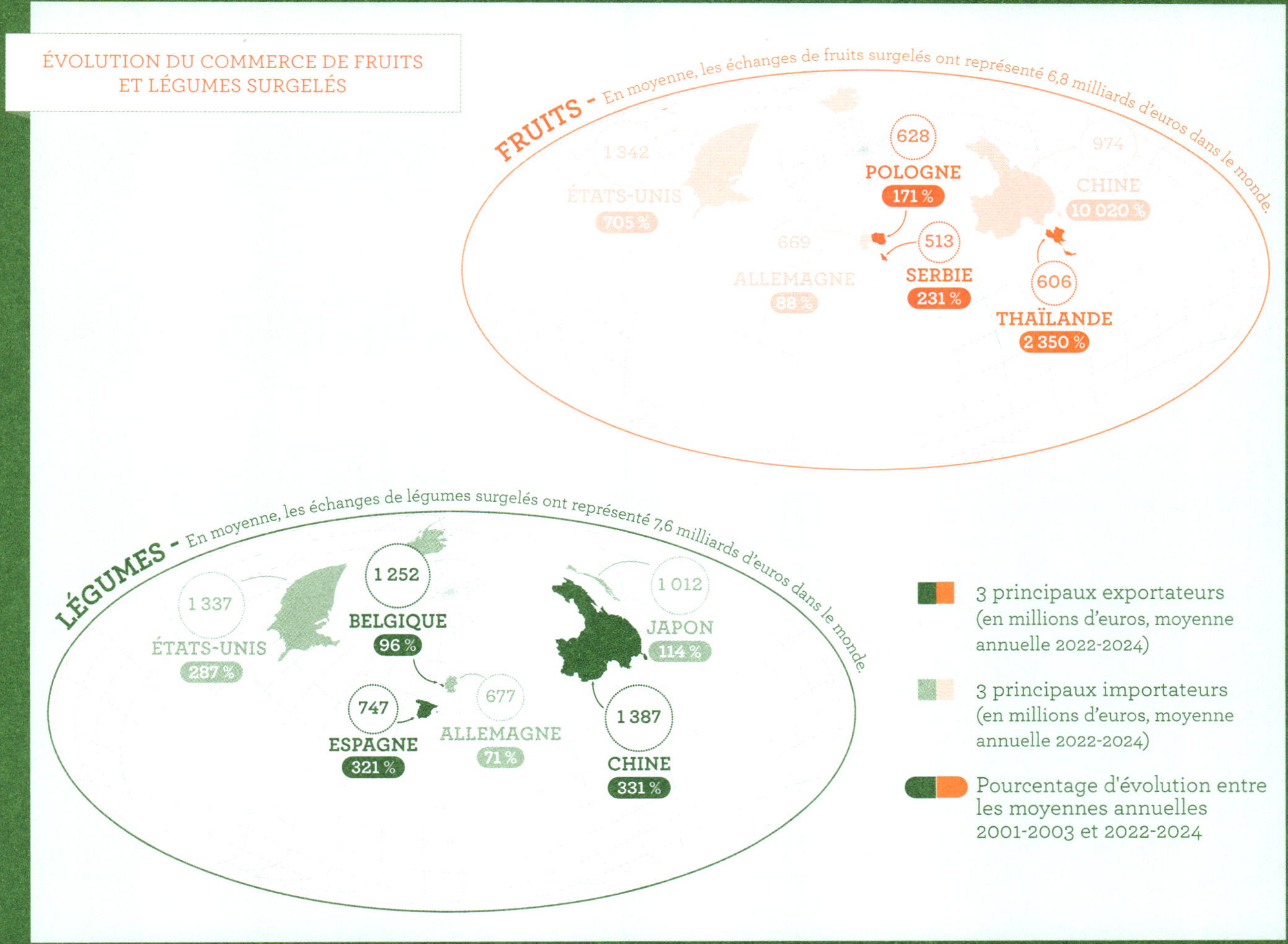
ÉVOLUTION DU COMMERCE DE FRUITS ET LÉGUMES SURGELÉS
FRUITS - En moyenne, les échanges de fruits surgelés ont représenté 6,8 milliards d'euros dans le monde.
1 342
ÉTATS-UNIS
705 %
628
POLOGNE
171 %
974
CHINE
10 020 %
669
ALLEMAGNE
88 %
513
SERBIE
231 %
606
THAÏLANDE
2 350 %
LÉGUMES - En moyenne, les échanges de légumes surgelés ont représenté 7,6 milliards d'euros dans le monde.
1 337
ÉTATS-UNIS
287 %
1 252
BELGIQUE
96 %
1 012
JAPON
114 %
747
ESPAGNE
321 %
677
ALLEMAGNE
71 %
1 387
CHINE
331 %
3 principaux exportateurs (en millions d'euros, moyenne annuelle 2022-2024)
3 principaux importateurs (en millions d'euros, moyenne annuelle 2022-2024)
Pourcentage d'évolution entre les moyennes annuelles 2001-2003 et 2022-2024

FICHE 26 | Laura Demurtas

DIPLOMATIE : LES COULISSES

Au fil des années, la nourriture a joué un rôle important dans la diplomatie. Elle constitue un outil puissant pour exprimer des intentions, établir des relations et même négocier des accords. Les fruits et légumes font partie de cette dynamique : ils ne sont pas seulement essentiels à notre santé quotidienne mais représentent aussi des éléments clés d'un jeu géopolitique complexe impliquant l'économie, la politique internationale, les changements climatiques et les flux commerciaux.

LA NOURRITURE DEVIENT ARME POLITIQUE

Le commerce des fruits et légumes est bien plus qu'une simple branche du secteur agricole. Avec des exportations qui ont atteint 263 milliards de dollars en 2024, le marché mondial des fruits et légumes est un pilier incontournable de l'économie. Mais cette puissance n'est pas sans conséquences géopolitiques.

Pour une nation, contrôler la production et l'approvisionnement en produits agricoles est un atout stratégique pour garantir sa sécurité nationale et sa souveraineté alimentaire. À l'inverse, la dépendance d'un pays vis-à-vis des importations le rend vulnérable et peut être exploitée comme un levier de pression par les nations productrices, notamment en période de crise ou de conflit. C'est ce qu'on appelle le « *soft power* alimentaire », outil d'influence discret mais redoutablement efficace dans les tensions commerciales internationales. Le cas du durian et de l'ananas illustre parfaitement cette dynamique. La Thaïlande, principal producteur de durian, a parfois limité ses exportations vers la Chine pour réguler les prix locaux. En 2019, des tensions commerciales ont conduit la Chine à réduire temporairement les importations de durian thaïlandais, ce qui a provoqué une hausse des prix et une forte demande, amplifiée par les réseaux sociaux où le fruit est devenu un symbole de statut et de tendance alimentaire. Les Philippines ont connu une situation comparable avec l'ananas. En 2021, la Chine a imposé des restrictions et des taxes sur les importations d'ananas philippins à la suite de tensions diplomatiques. Ces mesures ont contraint les exportations philippines à se réorienter vers d'autres marchés, comme le Japon et la Corée du Sud. La campagne médiatique sur les réseaux sociaux pour « sauver » l'ananas philippin a créé un engouement international, soulignant la capacité de ce fruit à mobiliser l'opinion publique et influencer les flux commerciaux. Ces exemples montrent que les fruits ne sont pas seulement des produits agricoles : ils deviennent des instruments de politique et de diplomatie économique. Les pays producteurs peuvent utiliser leur rôle sur le marché pour exercer une influence sur leurs partenaires commerciaux, où le contrôle de l'offre et la capacité à générer de la demande peuvent devenir des leviers stratégiques dans les relations internationales.

ENTRE LOGISTIQUE ET CHANGEMENT CLIMATIQUE

Lorsqu'il s'agit de fruits et légumes, la logistique revêt une importance cruciale. Le transport de ces produits frais repose sur des routes commerciales stables et sécurisées. Les fruits et légumes sont principalement transportés par voie maritime, solution économique et efficace. Ce mode de transport est le plus adapté pour de gros volumes, ce qui permet de réduire les coûts pour les consommateurs tout en préservant la qualité des produits périssables. Les conflits ou les tensions dans les principaux canaux maritimes peuvent interrompre les flux, retarder les livraisons et faire considérablement augmenter les coûts. De telles perturbations compromettent la qualité des produits périssables, dont la valeur se dégrade rapidement. La chaîne du froid constitue un maillon essentiel de cette logistique. Dans de nombreuses régions, notamment en Afrique et en Asie, l'insuffisance d'infrastructures adaptées représente un obstacle majeur au transport. Sans un contrôle strict de la température, les marchandises se détériorent, ce qui entraîne d'importantes pertes pour les producteurs et les exportateurs.

> La consommation annuelle de fruits et légumes dans l'Union européenne s'élève à environ 71 millions de tonnes, soit 15 800 navires frigorifiques.

Dernier point, mais non des moindres : le changement climatique. Les événements climatiques extrêmes, sécheresses, inondations, et la propagation de maladies des plantes constituent une menace sérieuse pour la production dans des zones clés. Cela crée une instabilité sur les marchés mondiaux, qui incite les pays à diversifier leurs sources d'approvisionnement et à nouer des partenariats avec de nouveaux acteurs, ce qui donne naissance à une diplomatie agricole de plus en plus stratégique.

FOCUS

En 2014, en réponse aux sanctions de l'Union européenne (UE) après l'annexion de la Crimée, la Russie a imposé un embargo total sur l'importation de fruits et légumes en provenance de plusieurs pays de l'UE. Parmi les produits touchés, les pommes polonaises ont joué un rôle central. La Russie était alors le principal marché pour la Pologne, absorbant près de la moitié de ses exportations. L'embargo a entraîné un effondrement des prix et de lourdes pertes pour les agriculteurs polonais. Pour y remédier, la Pologne a lancé une campagne sur les réseaux sociaux avec le hashtag #jedzjablka (« mangez des pommes ») afin d'encourager la consommation locale. Ce cas illustre la façon dont un produit agricole peut devenir un outil de pression économique et politique. L'embargo a peu affecté l'économie russe mais a constitué un avertissement clair envers les pays de l'UE opposés aux actions de Moscou en Ukraine.

À RETENIR

Les fruits et légumes racontent une histoire qui va bien au-delà de leur fraîcheur. Avant d'arriver dans nos assiettes, ils parcourent parfois des milliers de kilomètres, traversent des océans et passent par des chaînes de transport complexes reliant différents pays et continents. Leur présence sur les étals dépend des marchés mondiaux, des coûts de l'énergie et du transport, mais aussi de choix économiques et commerciaux souvent invisibles pour le consommateur. Ils deviennent ainsi des symboles de l'interconnexion mondiale et de la fragilité du système alimentaire, au cœur de la diplomatie et des relations internationales.

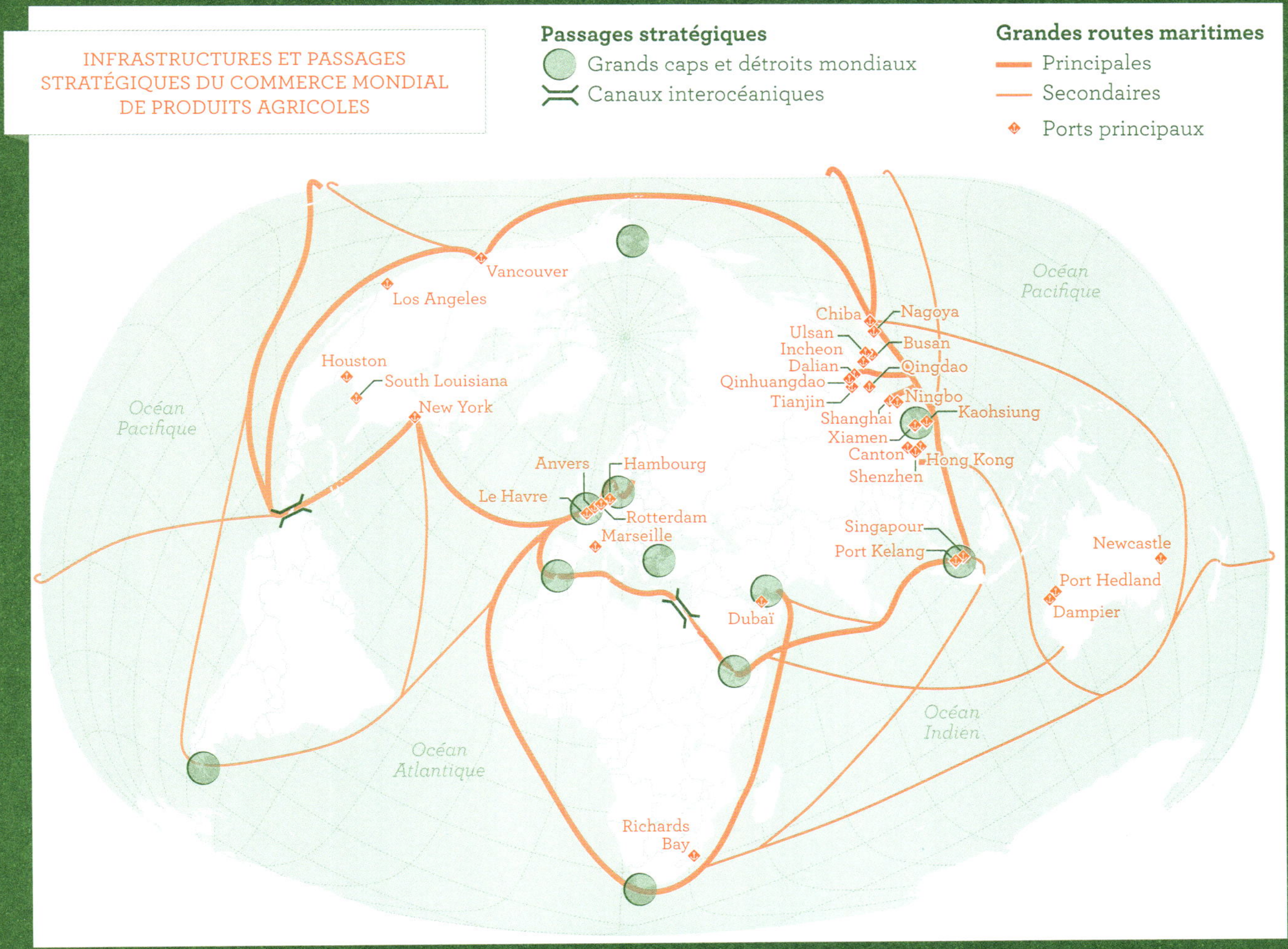
INFRASTRUCTURES ET PASSAGES STRATÉGIQUES DU COMMERCE MONDIAL DE PRODUITS AGRICOLES
Passages stratégiques
Grands caps et détroits mondiaux
Canaux interocéaniques
Grandes routes maritimes
Principales
Secondaires
Ports principaux
Vancouver
Los Angeles
Houston
South Louisiana
New York
Océan Pacifique
Anvers
Hambourg
Le Havre
Rotterdam
Marseille
Dubaï
Chiba
Nagoya
Ulsan
Incheon
Busan
Dalian
Qingdao
Qinhuangdao
Tianjin
Ningbo
Shanghai
Kaohsiung
Xiamen
Canton
Hong Kong
Shenzhen
Singapour
Port Kelang
Newcastle
Port Hedland
Dampier
Océan Pacifique
Océan Indien
Océan Atlantique
Richards Bay

FICHE 27 | Laura Demurtas

AGROÉQUIPEMENT : LA BATAILLE

Face à une demande alimentaire mondiale en pleine explosion et à une pénurie croissante de main-d'œuvre, l'agriculture doit se réinventer. La robotique et les nouveaux agroéquipements offrent déjà des solutions prometteuses, notamment pour les cultures de fruits et légumes, pour lesquels certaines tâches pénibles peuvent être automatisées. Mais, derrière cette révolution pleine d'espoirs se cachent aussi des défis techniques, économiques et humains qu'il faudra relever pour que ces innovations se démocratisent.

L'INNOVATION TRANSFORME NOS CAMPAGNES

L'agriculture est au cœur de notre alimentation et de notre économie. Pourtant, elle traverse une période de grands bouleversements. La population mondiale devrait atteindre près de 10 milliards de personnes d'ici à 2050. Pour cela, il faudra produire 60 % de nourriture en plus. Mais, en même temps, il est indispensable de cultiver de manière plus durable pour protéger nos sols, notre eau et notre environnement.

À ces défis s'ajoute une réalité préoccupante : le manque de main-d'œuvre. Le vieillissement des agriculteurs et la faiblesse des revenus fragilisent la viabilité de nombreuses exploitations, surtout dans les cultures qui demandent beaucoup de travail manuel (fruits et légumes).

Dans ce contexte, la robotique agricole peut apporter de nouvelles solutions. Des machines équipées de caméras, de capteurs et d'intelligence artificielle sont désormais capables de reconnaître un fruit mûr, de désherber une parcelle ou encore de récolter des légumes. Les applications les plus avancées concernent justement le désherbage et la récolte, deux tâches qui mobilisent énormément de main-d'œuvre. Mais les robots peuvent aussi préparer le sol, semer avec précision, élaguer, broyer et transporter des charges.

Cependant, leur utilisation n'a rien d'évident. À la différence d'une usine où tout est contrôlé, un champ reste un milieu imprévisible : la lumière varie, un fruit peut se cacher derrière une feuille, et les couleurs des plantes se confondent souvent avec leur environnement. À cela s'ajoute une autre contrainte majeure : la sécurité. Un robot doit en effet être capable d'identifier et d'éviter tout obstacle (personne, animal, objet...).

Un des défis majeurs de la robotique agricole reste son coût élevé. Un robot peut coûter entre 25 000 euros et 200 000 euros, un investissement inaccessible pour la majorité des petites exploitations, qui représentent pourtant la grande majorité des agriculteurs dans le monde. À cela s'ajoutent des enjeux majeurs liés à la gestion des données collectées, notamment en matière de stockage, de confidentialité et de protection des informations stratégiques, afin d'éviter tout risque d'exploitation par des acteurs concurrents. La robotique transforme aussi le métier d'agriculteur. Plutôt que de remplacer les humains, elle change leur rôle : l'agriculteur devient superviseur, gestionnaire de données et décideur stratégique. De nouveaux métiers émergent également : technicien de maintenance, ingénieur ou spécialiste commercial... Cela crée de nouvelles opportunités dans le secteur.

> Le programme Horizon Europe 2025-2027 alloue un budget indicatif de 60 millions d'euros pour soutenir la robotique agricole, sur trois années.

UN MARCHÉ MONDIAL EN PLEIN ESSOR

Malgré de nombreux défis, le marché des robots agricoles connaît une forte dynamique. En 2024, sa valeur était d'environ 8 milliards de dollars, avec une prévision de croissance atteignant 26 milliards de dollars d'ici à 2032. À l'échelle mondiale, le marché est dominé par l'Amérique du Nord (37,4 % du total en 2024), suivie par l'Europe, qui représente un marché important avec une part de 23,7 %, soutenue par des politiques favorables et un fort accent mis sur la durabilité. Bien que moins importante en part de marché actuelle, la région Asie-Pacifique détient la croissance la plus rapide, grâce aux investissements gouvernementaux, au besoin de renforcer la sécurité alimentaire et au développement technologique rapide. La Chine, en particulier, monte en puissance dans la production de drones agricoles et cherche à réduire sa dépendance aux importations et à pallier la pénurie de main-d'œuvre rurale, tout en exportant activement ses technologies agritech en Afrique et en Asie. En proposant des robots abordables et adaptés aux marchés émergents, elle développe un véritable *soft power* technologique, ce qui remet en question le contrôle historique des entreprises occidentales. Si ces technologies peuvent améliorer la sécurité alimentaire et réduire la dépendance au travail manuel, elles risquent également de créer une dépendance technologique à l'égard des pays exportateurs, ce qui accentue les inégalités et rend les systèmes alimentaires vulnérables aux tensions géopolitiques et aux ruptures des chaînes d'approvisionnement.

FOCUS

La France s'impose comme un acteur majeur de la robotique agricole en Europe. Grâce au plan « France 2030 », plus de 2 milliards d'euros sont investis pour soutenir les start-up et PME qui développent des technologies innovantes pour moderniser l'agriculture. Ces fonds visent à encourager l'automatisation des exploitations agricoles et l'utilisation de robots intelligents. Naïo Technologies, entreprise pionnière en Europe, illustre parfaitement cette dynamique. Ses robots autonomes réalisent des tâches essentielles : désherbage, semis, récolte… ce qui permet de réduire l'usage de pesticides, d'optimiser les rendements et de rendre l'agriculture plus durable. Ces initiatives renforcent la compétitivité technologique de la France et lui permettent de jouer un rôle important sur le marché mondial de l'agritech. Le pays promeut ainsi une agriculture plus efficace, respectueuse de l'environnement et tournée vers l'innovation.

À RETENIR

Il reste à répondre aux questions éthiques et sociétales : qui contrôle les données collectées par ces machines ? Quel impact sur l'emploi rural ? Comment éviter que les petits agriculteurs ne soient laissés de côté ? Pour que cette révolution technologique soit acceptée, la transparence et l'implication des agriculteurs dans son développement seront essentielles. La robotique agricole n'est pas une simple substitution de la main de l'homme par la machine. C'est une transformation profonde, qui peut rendre l'agriculture plus durable, plus efficace et plus attractive, à condition de relever ensemble les défis techniques, économiques, éthiques et humains.

MARCHÉ DE LA ROBOTIQUE AGRICOLE : UN SECTEUR EN CROISSANCE

Top 5 des entreprises leaders sur le marché

- DELAVAL (SUÈDE)
- GEA GROUP (ALLEMAGNE)
- YAMAHA MOTOR (JAPON)
- JOHN DEERE (ÉTATS-UNIS)
- AGCO CORPORATION (ÉTATS-UNIS)

Prévision d'évolution du marché entre 2025 et 2032 : **+ 18,3 %**

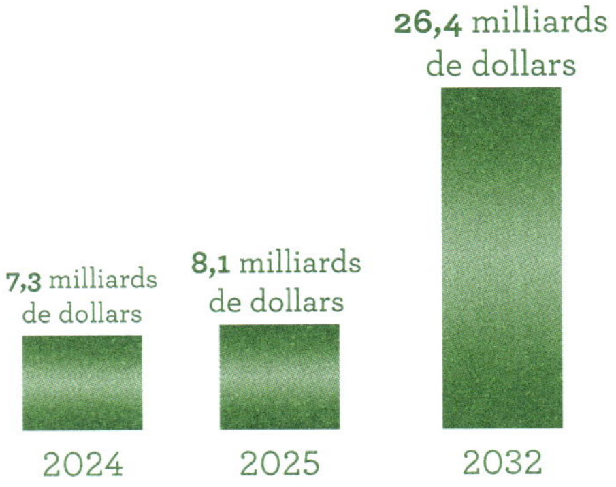

Part de marché de l'Amérique du Nord : 39 % en 2024, soit 2,7 milliards de dollars

FICHE 28 | Claire de Marignan

STOCKAGE : LE CONTRÔLE

Et si la ferme de demain n'était plus un champ, mais un réseau de serveurs climatiques ? En contrôlant température, humidité et lumière, les producteurs, les filières et les États redéfinissent la souveraineté alimentaire. L'agriculture devient un outil géopolitique à part entière.
Alors que les crises climatiques, les tensions commerciales et les aléas géopolitiques fragilisent les chaînes d'approvisionnement alimentaires, une nouvelle frontière agricole se dessine : celle de la production en environnement contrôlé. Derrière les murs opaques des serres intelligentes et des fermes verticales, c'est une révolution discrète mais stratégique qui s'opère : la géopolitique du climat et de la sécurité alimentaire se joue désormais sous lumière artificielle.

DE LA SERRE AU TERRITOIRE STRATÉGIQUE

Le principe de l'environnement contrôlé repose sur la maîtrise complète des conditions de production : température, hygrométrie, luminosité, nutriments et parfois génétique. Ces structures (serres sous climat artificiel, fermes verticales urbaines, vergers protégés par filets ou effaroucheurs...) sont autant de microcosmes agricoles affranchis des aléas naturels.
L'enjeu n'est plus seulement agronomique, il est géopolitique. Face à la raréfaction de l'eau et à la désertification, certains États ou régions cherchent à s'émanciper de leur dépendance alimentaire. Les pays du Golfe, qui importent jusqu'à 90 % de leurs fruits et légumes, investissent massivement dans ces technologies, faute d'un climat et d'un sol propices à la culture. Les Émirats arabes unis ont par ailleurs inauguré l'une des plus grandes fermes verticales du monde à Dubaï, alimentée par l'énergie solaire et tournée vers la production de salades pour Emirates Airlines. Le Qatar, l'Arabie saoudite et Bahreïn suivent, convaincus que la souveraineté alimentaire se gagnera désormais en climat artificiel.

Derrière cette quête d'autonomie se joue une redéfinition du pouvoir agricole mondial. Les pays historiquement exportateurs, comme les Pays-Bas, l'Espagne et la France, deviennent les dépositaires d'un savoir-faire technologique et productif. Dès lors, la serre est un outil diplomatique dont on vend l'expertise. Les États capables de maîtriser ces technologies exportent leur production et aussi des modèles agricoles clés en main, avec leurs normes, leurs technologies et leur logique de gestion, qui façonnent les dépendances futures.

« La sécurité alimentaire dépendra de notre capacité à cultiver dans des environnements extrêmes. »

FAO, colloque « The Future of Food and Climate Resilience », 2022

L'EUROPE À LA CROISÉE DES MODÈLES

En Europe, l'environnement contrôlé n'est plus une expérimentation, mais un modèle économique à part entière. Les serres chauffées d'Almería (Espagne), région qualifiée de « potager de l'Europe », ou les mégacomplexes horticoles néerlandais cherchent à montrer qu'une production intensive et rationalisée peut coexister avec les normes environnementales. Toutefois, ce modèle questionne : l'énergie nécessaire pour maintenir ces microclimats pèse lourdement sur le bilan carbone, et la dépendance aux technologies étrangères (capteurs, LED, systèmes d'irrigation…) introduit de nouvelles vulnérabilités.

Via le Pacte vert, l'Union européenne (UE) encourage la décarbonation du secteur mais la logique de contrôle total entre parfois en tension avec celle de durabilité. L'usage de l'intelligence artificielle, la collecte massive de données agricoles et la privatisation du savoir-faire accentuent la fracture Nord-Sud, divisant ainsi ceux qui pourront s'offrir un climat agricole artificiel… et les autres. Ce sont donc les États capables d'investir dans ces infrastructures souvent coûteuses qui redéfinissent la hiérarchie alimentaire mondiale. Cette asymétrie technologique crée de nouvelles formes de dépendance : accès aux brevets, maintenance des systèmes, propriété des données de production. Elle déplace l'enjeu agricole du terrain au *cloud*, où les mieux dotés imposent leurs standards. L'UE exporte ainsi un modèle qui peut devenir un vecteur d'influence et une barrière pour les pays moins équipés.

Mais la promesse d'une agriculture affranchie du climat cache aussi une dépendance nouvelle : celle à l'énergie, aux technologies et aux entreprises qui les contrôlent. La souveraineté alimentaire du futur pourrait bien se mesurer à la capacité à produire… sans soleil.

FOCUS

De la plaine espagnole d'Almería (Andalousie) à la Frise néerlandaise (nord du pays), l'Europe est le berceau mondial de la production sous environnement contrôlé. La « mer de plastique » d'Almería couvre plus de 30 000 hectares de serres : tomates, poivrons ou encore concombres y poussent toute l'année. Ce modèle, né d'une nécessité économique, s'est mué en vitrine d'efficacité et en symbole de dépendance énergétique et hydrique. Les serres espagnoles consomment des ressources précieuses dans une région déjà aride, tandis que les Pays-Bas exportent leur technologie pour pallier ces limites. La France, plus prudente, se positionne sur des approches hybrides : filets anti-insectes ou serres semi-ouvertes pour réduire l'usage énergétique. Le défi européen reste de sécuriser l'accès aux matériaux critiques dont dépend la performance de ces systèmes. Leur production, largement concentrée en Asie, expose ces infrastructures aux ruptures d'approvisionnement et aux tensions géoéconomiques mondiales.

À RETENIR

Face au dérèglement climatique et aux tensions géopolitiques, la production agricole en environnement contrôlé s'impose comme un nouvel outil de puissance. Des serres d'Almería aux fermes verticales des pays du Golfe, les États redéfinissent leur souveraineté alimentaire. Ces infrastructures deviennent des espaces stratégiques où se croisent sécurité énergétique, innovation technologique et diplomatie climatique. En contrôlant la nature, les nations cherchent à sécuriser leurs ressources, leurs marchés et leur influence.

SYSTÈMES D'ENVIRONNEMENT CONTRÔLÉ : DES MAILLONS TECHNOLOGIQUES RÉPARTIS SUR LA PLANÈTE

L'agriculture en environnement contrôlé repose sur des chaînes d'approvisionnement hyper techniques. Aucun pays n'est autonome : la souveraineté alimentaire dépend désormais de ressources électroniques. Le climat ne fait pas tout.

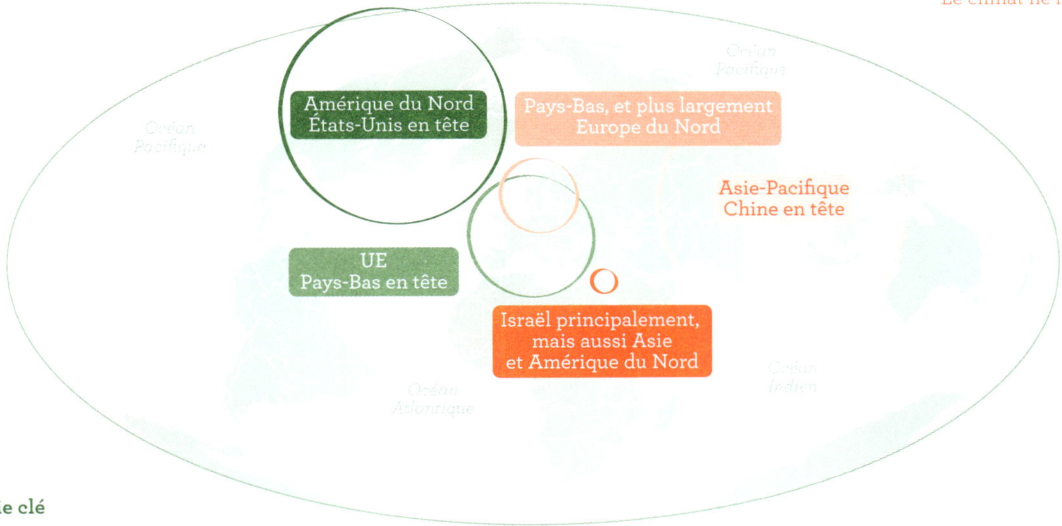

Technologie clé

- LED horticoles, éclairage de culture — *La Chine concentre plus de 70 % de l'offre LED.*
- Capteurs, robotique et automatisation (robots, drones, capteurs pour agriculture de précision) — *En 2024, l'Amérique du Nord détient plus de 35 % du marché mondial des robots et drones agricoles.*
- IA agricole et systèmes de pilotage (logiciels, plateformes de data, algorithmes) — *En 2024, l'Amérique du Nord détient plus de 37 % du marché mondial de l'IA en agriculture.*
- Semences optimisées pour *indoor*/horticulture — *Pour la catégorie « Semences de légumes », les Pays-Bas sont le premier exportateur mondial en 2023.*
- Systèmes d'irrigation de précision (goutte-à-goutte et micro-irrigation) — *Netafim (Israël) détient 30 % du marché mondial du goutte-à-goutte et de celui des systèmes de micro-irrigation.*
- Expertise d'ingénierie et « systèmes clé en main » pour les serres et autres environnements contrôlés — *Les entreprises de technologie horticole néerlandaises sont impliquées dans presque 80 % des projets internationaux de serres.*

FICHE 29 | Claire de Marignan

PLASTIQUE : LE SENS

Dans les années 1960, l'usage du plastique d'emballage des fruits et légumes s'impose, avec l'essor du polyéthylène et du polytéréphtalate d'éthylène (PET), léger, résistant et bon marché. Dans les années qui suivent, le développement du commerce international, la montée en puissance de la grande distribution et la standardisation sanitaire ont rendu ces matériaux indispensables, en réduisant les pertes, en rallongeant la durée de conservation et en homogénéisant les lots destinés à l'export.

UN INSTRUMENT DE POUVOIR INDUSTRIEL

Dans de nombreuses régions du monde, ces innovations ont été cruciales pour connecter les producteurs aux marchés lointains. Mais cette expansion s'est appuyée sur la puissance du secteur pétrochimique, laissant rapidement naître une réelle dépendance. Les grandes zones productrices d'hydrocarbures, du golfe Persique aux États-Unis, ont imposé leurs standards techniques et capté l'essentiel de la valeur ajoutée. L'emballage plastique est ainsi devenu un outil logistique et un instrument de pouvoir industriel : qui maîtrise le polymère maîtrise une partie essentielle de la chaîne alimentaire mondiale.

Cet essor s'est toutefois accompagné d'une accumulation massive de déchets. En 2024, 36 % du plastique produit dans le monde était consacré aux emballages, et la majorité jetée après quelques minutes d'usage. Dans de nombreuses régions où la production de fruits et légumes est importante, l'absence d'infrastructures de collecte et de gestion des déchets entraîne, notamment en Afrique de l'Est, en Asie du Sud-Est ou encore en Amérique latine, la dispersion d'emballages plastiques légers, qui finissent dans les sols ou les cours d'eau. La question environnementale, longtemps considérée comme périphérique, s'impose désormais comme un enjeu global, poussant les États, les distributeurs et les consommateurs à reconsidérer le rôle du plastique dans l'alimentation mondiale.

INNOVATIONS, NORMES… ET RIVALITÉS

Face à cette pression, les alternatives au plastique se multiplient : emballages en carton, fibres végétales, bioplastiques compostables, solutions réutilisables ou vrac. Mais leur adoption s'inscrit dans une géopolitique complexe. En effet, les pays du Nord ont clairement accéléré la transition : l'Union européenne impose que tous les emballages soient recyclables d'ici à 2030, tandis que la France vise la fin des emballages plastiques pour fruits et légumes en 2026 et du plastique à usage unique en 2040. Les pays exportateurs de fruits et légumes d'Amérique latine ou d'Afrique tentent, quant à eux, d'adapter leur conditionnement aux différentes réglementations, sous peine de perdre l'accès à leurs marchés. Ainsi, la norme devient un outil de puissance et d'influence.

Mais s'adapter, c'est aussi innover. Plusieurs États développent ainsi des régimes de responsabilité élargie du producteur (REP) pour financer la collecte et créer des filières de recyclage locales. Certains misent sur les emballages compostables (Inde, Chine, Italie…) ou sur la fabrication régionale de caisses réutilisables destinées à l'exportation (Mexique, Turquie…), transformant l'emballage durable en levier d'industrialisation.

> Avec une part de 51 %, la région Asie-Pacifique domine le marché mondial des emballages plastiques.

Les bioplastiques, souvent présentés comme une solution miracle, posent toutefois leurs propres défis géopolitiques. Leur coût reste élevé et leur production dépend, elle aussi, de ressources agricoles telles que le sucre, l'amidon, les algues… ce qui crée un risque de concurrence avec l'usage alimentaire des terres. De plus, leur compostage nécessite des infrastructures industrielles encore rares en Afrique, en Inde ou en Amérique centrale, où une grande partie des fruits et légumes destinés au Nord sont produits. Enfin, l'essor des solutions réutilisables reconfigure les chaînes logistiques. Les caisses en plastique réemployables nécessitent des centres de lavage proches des marchés, renforçant la centralité des hubs logistiques et limitant parfois l'accès des petits producteurs éloignés.

La fin du plastique n'est donc pas un scénario simple. Elle dépendra de l'évolution des normes internationales, de la capacité des régions productrices à investir dans le recyclage ou le réemploi et des stratégies industrielles qui redessineront la chaîne de valeur mondiale des fruits et légumes.

FOCUS

Longtemps cantonnées à l'alimentation ou à la cosmétique, les algues s'imposent désormais pour remplacer le plastique dans les emballages de fruits et légumes. Leur atout ? Elles poussent rapidement, sans irrigation ni terres agricoles. En Europe, cette ressource longtemps négligée est devenue un terrain d'innovation : des start-up britanniques misent sur des revêtements à base d'alginate pour remplacer les films plastiques, tandis qu'en France d'autres développent des barquettes, coques et matériaux rigides à base d'algues brunes locales. Compostables et biodégradables, ces biomatériaux protègent fruits et légumes tout en réduisant la dépendance au pétrole. Mais leur coût de production reste élevé et certaines propriétés, comme l'imperméabilité ou la résistance à la chaleur, ne sont pas encore comparables à celles des plastiques conventionnels. La dynamique est néanmoins lancée et les algues pourraient devenir l'arme idéale dans la guerre contre le plastique.

À RETENIR

Le plastique s'est imposé dans l'emballage des fruits et légumes grâce à son efficacité logistique et à la mondialisation des échanges. Mais son impact environnemental, notamment la pollution des sols et des eaux, en fait désormais un enjeu géopolitique majeur. Les alternatives transforment les chaînes de valeur et les rapports Nord-Sud. La transition dépendra de la capacité des régions productrices à s'adapter aux nouvelles normes et à développer leurs propres filières durables.

ITINÉRAIRE D'UNE BARQUETTE PLASTIQUE DE TOMATES

Un simple emballage, utilisé dans un pays producteur, s'inscrit dans des dynamiques globales : géopolitique des matières premières, dépendance pétrochimique, flux internationaux, disparités de traitement des déchets.

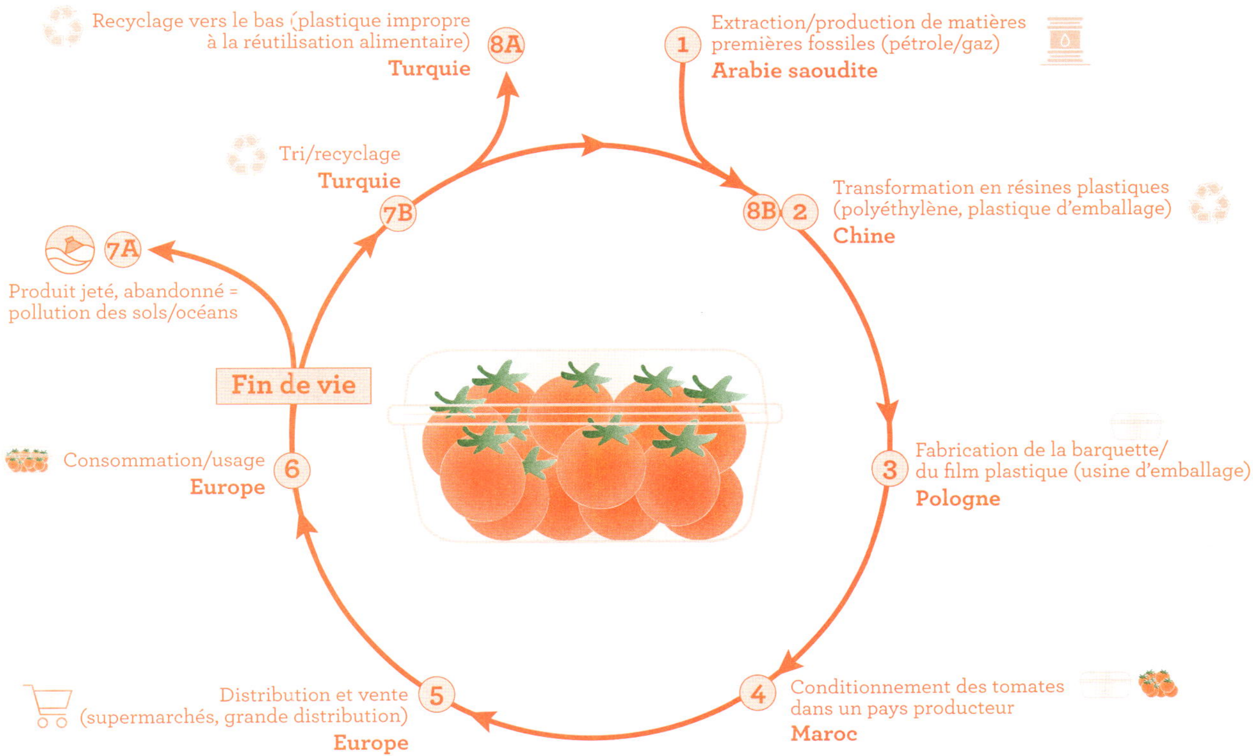

FICHE 30 | Claire de Marignan

FICHE FICTION

FRANCE ZÉRO : LE POLLINISATEUR

« Avant, on parlait de saisons. Aujourd'hui, on parle de protocoles. » Assise sur une caisse de récolte, Barbara Lenoir, maraîchère dans le Gers, montre ses vergers sous filets. À 54 ans, elle fait partie de la génération qui a vu les pollinisateurs décliner, puis disparaître presque totalement des paysages agricoles français entre 2035 et 2050.

UNE COURSE TECHNOLOGIQUE

« Les premiers temps, on a cru à une mauvaise saison. Puis les rendements ont chuté. Les pommiers fleurissaient mais rien ne venait. Plus d'abeilles, plus de bourdons. Même les pollinisateurs sauvages ont disparu avec les haies et à cause des pics de chaleur de ces dernières décennies. On a donc appris à cultiver seuls. »

Aujourd'hui, ses exploitations reposent sur un assemblage de techniques : pollinisation manuelle assistée, variétés autofertiles et serres semi-fermées où des microdrones remplacent les insectes. Mais chaque intervention a un coût. « Avant, la pollinisation était gratuite, car naturelle. Maintenant qu'elle est manuelle, elle représente près de 18 % de mes charges annuelles. »

Barbara n'est pas une exception. En 2058, selon les estimations de la Commission européenne, près de 70 % des fruits et légumes produits en France dépendent d'un dispositif de pollinisation artificielle. Les exploitations qui n'ont pas pu investir ont disparu ou se sont reconverties. « Ce n'est plus seulement un métier, c'est une course technologique. »

UNE NOUVELLE GÉOPOLITIQUE DU VIVANT AGRICOLE ?

La première alerte mondiale est venue de Chine vers 2035. Dans plusieurs provinces du Sichuan (sud-ouest du pays) et du Shaanxi (nord-est du pays), la disparition quasi totale des pollinisateurs a provoqué l'effondrement brutal des cultures fruitières et maraîchères. Déjà fragilisées par la fragmentation des exploitations et une dépendance forte à la pollinisation manuelle, ces régions ont connu une chute de plus de 60 % de leur production horticole en moins de cinq ans. En 2042, des pénuries alimentaires localisées ont touché près de 20 millions de personnes, marquant la première famine directement attribuée à l'effondrement des services de pollinisation. Cet épisode a servi de déclencheur politique mondial. Il a révélé que la crise du vivant pouvait, à elle seule, devenir un facteur majeur d'instabilité alimentaire.

En 2058, près de 70 % des fruits et légumes français reposent sur une pollinisation artificielle, contre un usage très marginal au début des années 2020.

La disparition des pollinisateurs a profondément redessiné la géopolitique mondiale des fruits et légumes. À l'échelle planétaire, près de 35 % des cultures horticoles historiquement dépendantes de la pollinisation animale ont vu leurs rendements divisés par deux entre 2030 et 2045, avant une stabilisation grâce à des solutions techniques coûteuses. Dans ce contexte, la France et l'Union européenne ont fait le choix stratégique de la souveraineté alimentaire horticole. Dès les années 2040, l'Union européenne a investi massivement dans la recherche agronomique, consacrant plusieurs milliards d'euros à des programmes de sélection végétale, de robotique agricole et de protection des sols. L'objectif ? Maintenir une production intérieure couvrant au moins 80 % de la consommation européenne en fruits et légumes frais. Ce choix contraste avec celui de régions dépendantes des importations, notamment au Moyen-Orient et en Asie du Sud-Est, aujourd'hui fortement exposées à la volatilité des marchés. Les pays maîtrisant les technologies de pollinisation artificielle (Union européenne, Japon et Canada en tête) disposent désormais d'un levier d'influence comparable à celui de l'énergie au début du XXIe siècle.

Les fruits et légumes sont devenus des biens géopolitiques. Les accords commerciaux incluent désormais des clauses sur l'accès aux technologies de reproduction végétale et la course au brevet ne ralentit pas. La France, premier producteur horticole de l'Union européenne en valeur, joue un rôle central dans cette diplomatie du vivant. Mais cette puissance a un prix : dépendance énergétique accrue, concentration des exploitations et fracture entre agricultures technicisées et territoires laissés à l'écart. En 2058, produire sans pollinisateurs n'est plus une anomalie. C'est un nouvel équilibre fragile, pour lequel l'agriculture est devenue un champ stratégique à part entière.

FOCUS

Face à l'effondrement des pollinisateurs, la France et l'Union européenne ont vu émerger un écosystème dynamique de start-up de l'AgTech spécialisées dans la reproduction végétale. À partir de 2035, des entreprises issues des pôles de compétitivité agricoles français ont développé des solutions combinant robotique légère, intelligence artificielle et biologie végétale. Les microdrones de pollinisation, capables de cibler les fleurs à maturité optimale, sont aujourd'hui déployés sur près de 40 % des surfaces horticoles européennes sous abri. Parallèlement, des start-up de sélection variétale ont accéléré la mise au point de plantes autofertiles ou à floraison synchronisée, réduisant de 20 % à 40 % les besoins en interventions mécaniques.
En 2058, ce secteur est désormais stratégique. Les brevets sur les systèmes de pollinisation artificielle font l'objet de tensions commerciales et diplomatiques, plaçant l'AgTech européenne au cœur des nouvelles rivalités géopolitiques du vivant.

À RETENIR

En 2058, la disparition des pollinisateurs a transformé la production de fruits et légumes en enjeu géopolitique majeur. En France et en Europe, la pollinisation artificielle, coûteuse et technologique, conditionne désormais la souveraineté alimentaire. L'agriculture est devenue un levier stratégique, révélateur de nouvelles dépendances et rapports de force internationaux. Brevets, données et robotique structurent désormais l'accès à la reproduction végétale, redéfinissant les hiérarchies entre puissances agricoles et pays dépendants. La maîtrise du vivant est ainsi devenue un instrument d'influence décisif.

REPRODUCTION DES PLANTES : DU PROCESSUS NATUREL À LA COURSE AUX BREVETS

	FLORAISON SANS INSECTES	GÈNES BREVETÉS	IA DE DÉTECTION	POLLINISATION ROBOTISÉE	DONNÉES ET LICENCES
		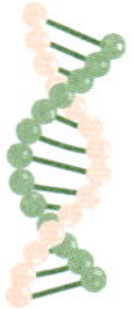			
DESCRIPTION	Cultures pollinisées artificiellement	Variétés autofertiles ou à floraison synchronisée	Analyse du stade floral optimal (temps, humidité, maturité, etc.)	Dépôt ciblé du pollen par drones ou robots	Données stockées par l'opérateur technologique
TECHNOLOGIE/ACTEURS	Dépendance à l'intervention humaine	Semenciers, startups de l'AgTech	Startups spécialisées dans l'IA	Robotique et matériel agricole de précision	Plateformes AgriData + startups spécialisées dans les datas
CONTRÔLE	Rupture du fonctionnement écosystémique	Propriété intellectuelle 20-25 ans	Abonnement logiciel et mises à jour	Investissement lourd (10 000-25 000 €/ha)	Propriété des données et dépendance juridique
ENJEU GÉOPOLITIQUE	Vulnérabilité alimentaire brute	Contrôle du matériel reproductif	Dépendance algorithmique	Barrière économique à la mise en place	Perte d'autonomie stratégique, production sans souveraineté

PARTIE 4

DANS NOS ASSIETTES
ET NOS VERRES

FICHE 31 | Diane Mordacq

JUSTE PRIX : LA CORRECTION

Le « juste prix » des fruits et des légumes permettrait de concilier les attentes des producteurs et des consommateurs. Est-il réellement possible de traduire un tel concept, philosophique, moral et politique, en une équation économique au sens strict ?

LE PASSAGE À LA CAISSE, PRINCIPALE BARRIÈRE À LA CONSOMMATION

Sur recommandation de l'Organisation mondiale de la santé (OMS), le Programme national français nutrition santé préconise depuis 2001 de manger cinq fruits et légumes par jour. Seuls 25 % des femmes, 18 % des hommes, 17 % des 18-24 ans et 10 % des enfants suivent ce conseil. Cette négligence causerait 14 % de la mortalité par cancers gastro-intestinaux, 11 % de la mortalité par maladies ischémiques et 9 % par accidents cardiovasculaires. Le prix serait le premier frein à la consommation, devant le manque de temps ou de praticité, et la difficulté à trouver des produits de qualité. Selon Familles rurales, association reconnue d'utilité publique, 400 grammes de fruits et légumes par jour et par personne coûte mensuellement à une famille de quatre personnes entre 62 euros (4,4 % d'un SMIC net mensuel) pour un panier composé des 5 fruits et légumes les moins chers et 254 euros (17,9 %) pour un panier composé de 19 produits en biologique. Cet écart témoigne que la qualité et la liberté de choix alimentaire ont un coût, que toutes les familles ne

> Les impacts négatifs (sociaux, environnementaux et sanitaires) du système alimentaire français étaient estimés à 19 milliards d'euros en 2021.

peuvent pas supporter de la même manière. Ainsi, il serait réducteur d'analyser les actes d'achat seulement à l'aune des moyennes nationales (la part du budget des Français pour l'alimentaire est passée de 15 % en 2000 à 12 % en 2024), car ces dernières moyennes cachent de grandes disparités.

LA CRÉATION DU PRIX

Le prix de vente aux consommateurs d'un fruit ou d'un légume ne dépend pas seulement de son coût de production. L'analyse comparée de l'évolution de l'indice mensuel des prix agricoles à la production (IPPAP), qui correspond aux prix perçus par les agriculteurs à la sortie de ferme, et de l'indice des prix à la consommation (IPC), qui correspond aux prix payés par les ménages en magasin, permet de l'illustrer. Le décalage d'évolution entre l'IPPAP et l'IPC s'explique par : la fluctuation des coûts intermédiaires (transport, emballage, énergie) supportés par les différents acteurs qui travaillent entre la production et la consommation d'un produit (conditionneurs, expéditeurs/exportateurs, grossistes, introducteurs/importateurs, distributeurs) ; la répercussion différée de la fluctuation des prix ; la place qu'occupent les produits importés dans les rayons. La hausse des importations (+ 20 % pour les fruits frais et + 28 % pour les légumes frais en volume entre 2003 et 2023), notamment de produits meilleur marché que l'offre nationale, déforme la perception qu'ont les ménages du coût réel de la production nationale, et celle-ci est souvent perçue comme préjudiciable pour leur pouvoir d'achat. Pour éviter ce cercle vicieux, il faudrait que les importations interviennent pour compléter l'offre française en cas de tension sur les volumes, afin d'assurer une continuité commerciale.

REDÉFINIR LE COÛT

Adoptées à partir de 2018, les lois EGAlim visent à renforcer la logique de construction du prix des produits alimentaires « en marche avant », c'est-à-dire à partir des coûts de production des agriculteurs. Si leurs résultats restent discutables, des démarches indépendantes se développent en parallèle, à l'instar de C'est qui le patron ?!, initiative citoyenne au sein de laquelle plus de 16800 consommateurs-sociétaires déterminent des prix d'achat suffisamment rémunérateurs pour offrir aux agriculteurs un revenu « convenable » qui leur permette également « d'investir sur leur exploitation ». En 2025, C'est qui le patron ?! a élargi sa gamme de produits aux fruits et légumes, dont les cerises commercialisées à 1,50 euros de plus par rapport au prix du marché. Ce concept, qui a déjà séduit plus de quinze millions de consommateurs, soulève néanmoins un ensemble de questions morales sous-jacentes, notamment pour la définition d'un niveau de vie jugé acceptable pour les agriculteurs, dont les activités sont biologiquement vitales mais aussi liées à l'environnement, à la santé et au lien social. Le juste prix ne serait-il pas celui qui permettrait de passer d'une logique de réparation des dommages à une logique de prévention des impacts négatifs ? Dans une perspective utopique visant à garantir à tous un accès à des produits au juste prix, ne conviendrait-il pas de repenser la rémunération en la démonétisant ?

FOCUS

La grande distribution, des grandes et moyennes surfaces aux supérettes de proximité, représente 72 % des achats des Français de fruits et légumes en volume et en valeur. La vente directe, pratiquée par 45 % des producteurs de fruits et légumes français, permet de réduire les intermédiaires, dans l'intérêt des producteurs et des consommateurs. Lancés en Allemagne il y a plus de trente ans, les distributeurs automatiques sont arrivés en France à partir de 2008-2009, où ils sont aujourd'hui estimés à 100 000. Si cet outil facilite l'acte d'achat, il constitue néanmoins une charge importante pour les agriculteurs, qui assument à eux seuls l'ensemble des responsabilités habituellement réparties entre les acteurs intermédiaires. Les distributeurs automatiques nécessitent un investissement financier (47 500 euros pour une machine de 20 à 40 casiers) et temporel (un tiers des exploitants y consacrent plus de vingt heures par semaine).

À RETENIR

Malgré les bénéfices largement reconnus des fruits et légumes pour la santé, leur consommation en France demeure insuffisante. Alors que la part du budget consacrée à l'alimentation tend à diminuer, le prix est régulièrement identifié comme le principal frein. Pour éclairer les consommateurs, il convient de mettre en lumière la complexité de la formation des prix, qui résulte des coûts de production et des multiples facteurs supportés par les acteurs intermédiaires.

(DÉ)CORRÉLATION ENTRE LES PRIX AGRICOLES ET LES PRIX À LA CONSOMMATION

Comparer l'IPPAP et l'IPC permet de comprendre comment les variations de prix chez les producteurs se répercutent (ou non) sur les prix payés par les consommateurs, et donc d'identifier d'éventuels déséquilibres dans la formation des prix (coûts, marges, rôle des intermédiaires).

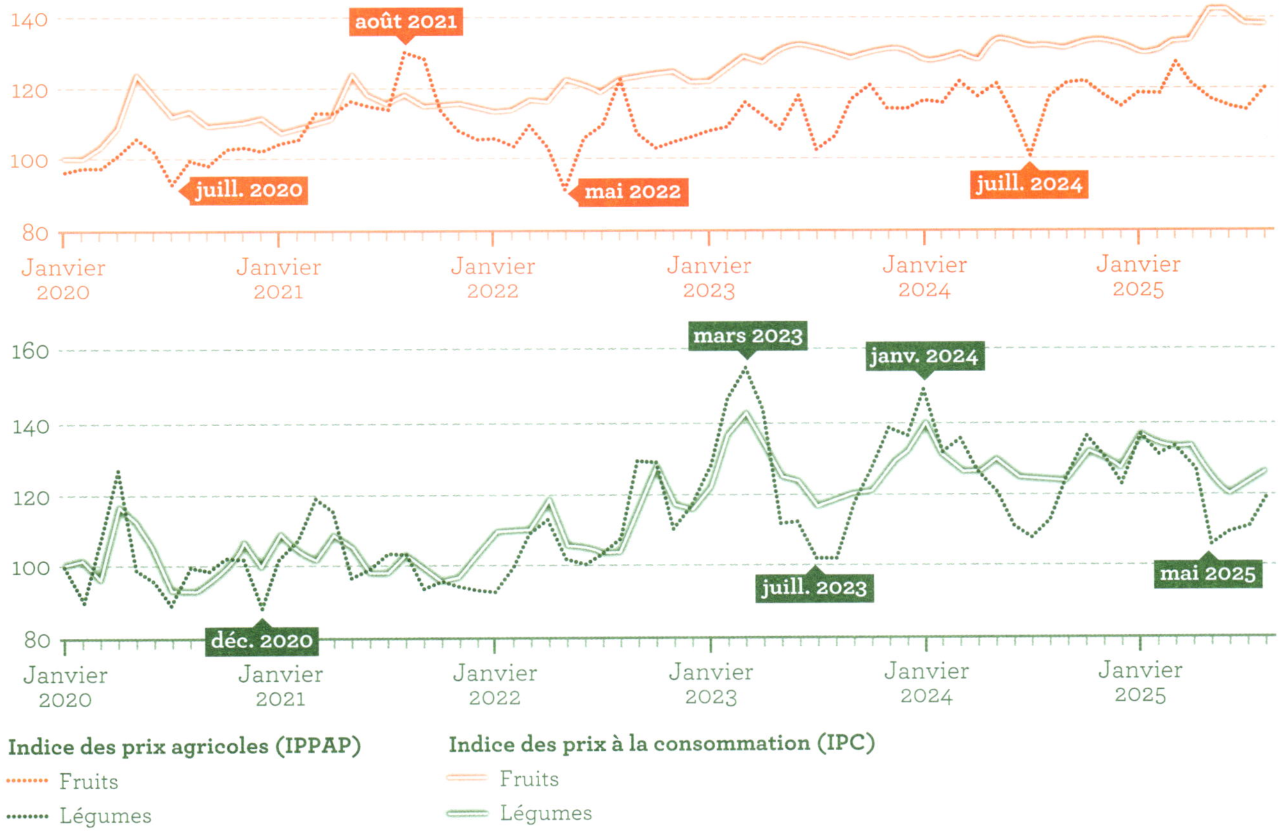

FICHE 32 | Claire de Marignan

TRANSFORMATION : LA MÉCONNUE

Le fruit, autrefois symbole de fraîcheur et de saison, s'est aujourd'hui mué en ingrédient stratégique de l'économie mondialisée. De la compote au jus, en passant par le fruit prédécoupé ou surgelé, les fruits transformés incarnent la victoire du produit retravaillé sur le produit naturel. Derrière ce processus, une logique implacable : la transformation allonge la durée de vie, stabilise les prix et ouvre l'accès à des marchés lointains. C'est donc un levier de rentabilité considérable. Un fruit frais vendu quelques centimes peut, une fois mixé, sucré et conditionné, rapporter jusqu'à dix fois plus.

UN MARCHÉ… JUTEUX

Mais cette rentabilité a un revers géopolitique de taille. Les chaînes d'approvisionnement en fruits transformés dessinent une cartographie mondiale au sein de laquelle la valeur se déplace du verger au laboratoire. La Chine contrôle aujourd'hui plus de 60 % du marché du concentré de pomme ; le Brésil domine celui du jus d'orange ; la Thaïlande et les Philippines règnent sur l'ananas ou la mangue. Les pays du Nord, quant à eux, importent la matière brute pour en faire des produits premium sous marque européenne. Le fruit devient ainsi un symbole de dépendance inversée : l'Europe, jadis puissance productrice, transforme désormais des fruits venus d'ailleurs, exportant ensuite des produits finis plus chers.

LA TRANSFORMATION : DE LA VERTU…

Cette mondialisation a aussi un visage vertueux. La transformation permet de valoriser les fruits déclassés, trop petits, tachés ou irréguliers. En France, près d'un cinquième des pommes, des poires ou des abricots jugés « moches » échappent désormais au gaspillage grâce à la filière du transformé. Dorénavant devenus des compotes, des jus, des purées ou des confitures, ils retrouvent une certaine « utilité » économique et environnementale. Mais cette circularité reste incomplète : l'énergie nécessaire à la cuisson, au transport ou à l'emballage annule souvent les bénéfices écologiques. La promesse de durabilité se heurte à la réalité d'un modèle industriel conçu avant tout pour la stabilité et la marge. Et c'est compter sans la dimension politique qui s'ajoute aux aléas : dans un monde où les prix agricoles se tendent chaque jour un peu plus et où la sécurité alimentaire redevient un enjeu pleinement stratégique, la capacité à transformer les fruits localement devient un indicateur de souveraineté.

> En Europe, plus d'un fruit sur trois finit transformé (compote, jus ou confiture) avant d'atteindre nos assiettes.
>
> *EU Agricultural Outlook Report 2023, Commission européenne*

... AUX DÉFIS !

Le fruit transformé n'est plus seulement un aliment : il est devenu un produit culturel et géopolitique. Dans les grandes métropoles, la prédécoupe, le surgelé et la portion individuelle répondent à la demande d'une population urbaine pressée, déconnectée des saisons et des territoires. L'argument nutritionnel que nous connaissons bien en France, « Mangez cinq fruits et légumes par jour ! », a servi de levier marketing puissant pour l'industrie. Pourtant, ces produits transformés sont souvent plus sucrés, moins riches en fibres et plus énergivores à produire que leurs équivalents frais. La transformation a normalisé la consommation de fruits toute l'année, masquant la perte de diversité variétale et l'appauvrissement sensoriel. Or, cette uniformisation a un coût symbolique : la disparition progressive des variétés locales, remplacées par quelques cultivars résistants aux contraintes logistiques et calibrés pour la transformation (Golden, Gala, Fuji pour la pomme ; Kent et Tommy pour la mangue).

Dans un monde où les tensions sur les ressources s'accentuent, le fruit transformé devient un levier de *soft power* : exporter ses confitures, ses jus ou ses snacks de fruits, c'est aussi exporter un modèle agricole et alimentaire, un savoir-faire, une culture ancrée dans son temps. La France illustre parfaitement ces contradictions : championne européenne du transformé haut de gamme (premier producteur européen de compotes et purées de fruits, notamment à base de pommes), elle importe cependant la très grande majorité de ses fruits de base. Entre la promesse de naturalité et la réalité d'un fruit globalisé, le consommateur européen goûte et participe chaque jour, sans le savoir, à un équilibre géopolitique fragile.

FOCUS

En 1998, l'univers de la compote de pommes est bouleversé. C'est la naissance de la gourde de compote à boire, popularisée par Materne avec Pom'Potes. Ce format nomade, pratique et sucré a séduit instantanément les familles, les écoles et les distributeurs. Il représente aujourd'hui près de 65 % des ventes de compotes en grande distribution française. Derrière ce succès marketing, une stratégie redoutable : valoriser un fruit bon marché, souvent déclassé, pour en faire un produit à forte valeur ajoutée. Le produit contourne la saisonnalité grâce à la pasteurisation et au stockage longue durée. Par ailleurs, le packaging et le positionnement racoleur permettent des marges importantes. Or, l'image locale de vergers, terroir et naturalité masque aussi une chaîne logistique mondialisée : une partie importante des concentrés provient de Chine, est transformée en France, puis conditionnée sous marque nationale.

À RETENIR

Derrière leur image saine et naturelle, les fruits transformés incarnent un vrai paradoxe : en valorisant des fruits déclassés et en allongeant leur durée de vie, ils réduisent le gaspillage... tout en favorisant une consommation hors saison, très dépendante d'importations mondialisées et peu regardante de son impact environnemental. Entre souveraineté alimentaire et standardisation des goûts, ils révèlent les contradictions de notre modèle agroalimentaire.

POMME : DU FRUIT BRUT AU PRODUIT FINI

Étape de la chaîne	1. Production de la matière première	2. Transformation	3. Conditionnement et marketing	4. Distribution	5. Consommation
État du produit	Pommes brutes (golden, gala, fuji...)	Purées, jus, concentrés, compotes industrielles	Gourdes, pots individuels, bocaux...	Rayons compotes, pots, gourdes	Consommation à domicile, cantines, snacking
Acteur principal	Pays producteurs	Industrie	Marques	Grandes et moyennes surfaces (GMS)	Marché final
Lieu	Chine, Pologne, France...	Europe, États-Unis, Japon	Europe, États-Unis, Japon	Europe, États-Unis, Japon	Europe, États-Unis, Japon
Prix/coût moyen au kilo (2024)	0,20 € : prix de la matière brute, peu rémunératrice	0,80 € : coût de la cuisson, pasteurisation, stockage	1,80 € : coût du packaging, *branding*	2,80 € : marges distributeurs	3 à 3,50 € : prix payé par le consommateur
% de la valeur captée	5 à 10 %	20 %	30 %	20 %	20 à 25 %

FICHE 33 | Sébastien Abis

SANTÉ : LE FEU VERT

La végétalisation de l'alimentation gagne du terrain au moment où les équilibres entre nutrition et santé sont de plus en plus recherchés par les consommateurs. Une dynamique a priori favorable aux fruits et légumes...

ASSIETTES COLORÉES

Si l'insécurité alimentaire quantitative demeure un problème majeur à l'échelle mondiale, elle ne doit pas masquer deux autres défis tout aussi préoccupants. D'une part, près de deux milliards de personnes souffrent d'insécurité qualitative, c'est-à-dire d'un déficit de diversité nutritionnelle. Pour ces populations, un meilleur accès aux fruits et légumes constituerait un levier précieux à l'amélioration de leur condition. D'autre part, deux milliards et demi de personnes vivent en surpoids, dont un milliard en état d'obésité, et se voient recommander davantage de végétal dans leur régime alimentaire. Les fruits et légumes bénéficient donc d'un capital symbolique exceptionnel car perçus comme sains et en adéquation avec les préconisations médicales.

> En 2025, les ventes de coupe-faim dans le monde ont atteint 35 milliards de dollars. Elles devraient tripler d'ici à 2030.

La montée en puissance de la végétalisation s'inscrit dans un contexte général de relecture sanitaire de l'alimentation. L'Asie y est culturellement habituée ; l'Europe et l'Amérique du Nord redécouvrent progressivement ces logiques. Dans de nombreuses régions du monde, notamment là où le pouvoir d'achat limite l'accès aux protéines animales, les fruits et légumes locaux constituent depuis longtemps la base des repas quotidiens. Au-delà de la santé individuelle, celle de la planète est interrogée à travers l'alimentation. Manger plus végétal est souvent présenté comme une voie privilégiée pour réduire les impacts environnementaux, limiter les émissions de gaz à effet de serre et accompagner la décarbonation des modes de vie.

Fruits et légumes deviennent ainsi des alliés de politiques publiques mobilisant les arguments sanitaires et écologiques. La végétalisation s'immisce comme un enjeu de développement durable, contribuant à une hiérarchisation morale implicite des produits alimentaires, pour laquelle le végétal bénéficie d'une longueur d'avance. Cette promotion est renforcée par le pouvoir des images à l'ère de l'hypercommunication. Riches en couleurs, les fruits et légumes se prêtent particulièrement bien aux mises en scène visuelles. Sur les réseaux sociaux, cette tendance iconographique nourrit une représentation idéalisée du bien manger, parfois au prix d'une simplification excessive de la réalité.

MODES ILLUSTRÉES

Prenons deux exemples qui surfent sur les considérations émises précédemment : le rouge passion et l'arbitrage métabolique.

Parmi les aliments dont la consommation a fortement progressé ces dernières années, les fruits rouges : fraises, framboises, myrtilles, mûres, groseilles, canneberges, baies de goji. Ces produits concentrent les attributs clés des régimes dits bons pour la santé : faible densité calorique, richesse en micronutriments, présence de composés bioactifs, effets positifs sur le microbiote et, potentiellement, sur certaines fonctions cognitives. Produits pivots de la végétalisation, faciles à consommer en petites portions, transportables et polyvalents (frais, surgelés, yaourts, smoothies, bowls...), les fruits rouges cumulent les atouts. Mais ce succès s'accompagne parfois d'une médiatisation excessive, qui tend à invisibiliser des enjeux plus sensibles. Sur le plan social, la cueillette de ces petits fruits repose souvent sur un travail saisonnier précaire et physiquement exigeant. Sur le plan environnemental, leur culture peut mobiliser des volumes importants d'eau et d'énergie.

Second révélateur de cette géopolitique des fruits et légumes propulsée sur le terrain lucratif de la santé, l'irruption des traitements fondés sur le GLP-1 (glucagon-like peptide-1), hormone de la satiété et de la régulation métabolique au cœur des innovations médicales contre l'obésité et le diabète de type 2. Ces solutions, initialement destinées à des publics ciblés, sont de plus en plus utilisées en dehors de leur cadre médical strict, par des individus soucieux de leur apparence corporelle, de leur santé ou de leur empreinte écologique. En réduisant l'appétit, elles encouragent parfois une déconsommation alimentaire et peuvent favoriser des régimes davantage orientés vers les fruits et légumes, au détriment des produits très transformés. Mais, en modifiant profondément la relation à la faim, le GLP-1 peut aussi transformer le rapport socioculturel à l'alimentation. On mange moins, autrement, en plaçant le contrôle métabolique individualisé avant le plaisir gustatif ou la dimension sociale du repas. La végétalisation peut alors relever moins d'un choix alimentaire que d'un arbitrage physiologique.

FOCUS

La filière française des fruits rouges symbolise les écarts entre attentes sociétales élevées, contraintes internes et dépendance croissante aux approvisionnements extérieurs. Elle représente environ 1 % des exportations annuelles de fruits (un faible volume de cerises, avec 2 500 tonnes, et 8 500 tonnes de fraises). Mais elle pèse près de 4 % des importations (10 000 tonnes de cerises, 60 000 tonnes de fraises). La France produit environ 30 000 tonnes de cerises et 75 000 tonnes de fraises chaque année. Elle recourt aux importations pour satisfaire la demande, en particulier hors saison hexagonale. La dépendance est plus marquée pour les framboises et les myrtilles, dont seuls 10 % de la consommation viennent de récoltes nationales. Sur ce segment des petits fruits rouges, les baies de cassis sont une exception, avec une identité et un ancrage historiquement français. Les producteurs dénoncent une concurrence normative et économique déloyale, en provenance de pays non européens (réglementations et coûts de production nettement inférieurs).

À RETENIR

La végétalisation de l'alimentation apparaît comme une tendance structurante mais traversée de paradoxes. En Espagne, dans la province de Huelva (sud-ouest du pays), l'un des plus grands bassins mondiaux de production de fraises, la filière incarne une réussite productive et exportatrice ainsi qu'une tension croissante sur la ressource en eau, au point que le dossier est devenu hautement politique. Le fruit rouge, bénéfique pour la santé du consommateur, se retrouve accusé de nuire à l'écosystème local. Dit autrement, la transition vers une alimentation plus végétale ne peut s'exonérer d'une gouvernance stratégique des ressources naturelles.

FRUITS ROUGES : DES DYNAMIQUES MONDIALES
3 premiers producteurs de myrtilles
(en milliers de tonnes, moyenne annuelle 2022-2024)
596
362
292
Chine
États-Unis
Pérou
3 premiers producteurs de cassis et groseilles
(en milliers de tonnes, moyenne annuelle 2022-2024)
517
125
24
Russie
Pologne
Ukraine
3 premiers producteurs de framboises
(en milliers de tonnes, moyenne annuelle 2022-2024)
216
182
103
Rusie
Mexique
Serbie
Importations de l'Union européenne à 27 (en tonnes)
500 000
400 000
300 000
200 000
100 000
0
Airelles, myrtilles et autres fruits du genre *Vaccinium*
Groseilles et cassis
Framboises et mûres
417 180
200 050
78 900
68 970
14 720
13 200
2014
2015
2016
2017
2018
2019
2020
2021
2022
2023
2024

FICHE 34 | Anaïs Marie

PISTACHE : L'INFLUENTE

Cinquième fruit à coque le plus produit dans le monde (8 % du total), loin derrière noix (24 %), noix de cajou (23 %), amandes (21 %) et châtaignes (11 %), les pistaches connaissent un succès grandissant. Entre relais marketing et outils d'influence politique, ces fruits verts originaires des hauts plateaux iraniens sont au cœur d'enjeux qui dépassent nos assiettes.

AU SERVICE DU *SOFT POWER*

Riches en protéines, fibres, vitamines et disposant d'un indice glycémique bas, les pistaches sont particulièrement appréciées pour leur goût unique et pour leurs vertus (antioxydantes, anti-inflammatoires, alliées contre les maladies cardiovasculaires…). Ce fruit à coque, populaire sur les tables des apéritifs, est au cœur d'une frénésie mondiale depuis 2024 et se décline sous forme de desserts, boissons, pâtes à tartiner… Il aura suffi d'une vidéo postée sur TikTok fin 2023 de dégustation d'une barre chocolatée à la crème de pistache et au kadaïf grillé (« cheveux d'ange »), baptisée « Can't get Knafeh of it » et vendue par Fix Dessert Chocolatier, pour que les pistaches deviennent incontournables. Si les chocolatiers du monde se sont emparés de cette tablette de luxe, disponible initialement uniquement aux Émirats arabes unis en quantités limitées, pour proposer leur propre recette et répondre à la demande massive, l'image de cette sucrerie couramment appelée « chocolat Dubaï » reste attachée aux Émirats arabes unis. Dubaï a ainsi fait de la pistache un

> Production (1,4 Mt en 2024) et exportations (570 000 tonnes) de pistaches ont triplé depuis le début du siècle, portées par le leadership américain.

instrument de son *soft power* en véhiculant une image raffinée, moderne et luxueuse du pays qui contribue au développement du tourisme et à sa diversification économique. En prenant de la hauteur par rapport à ce phénomène, il est possible de voir que cette hausse soudaine et globale de la demande en pistache renforce la pression sur les marchés mondiaux, eux-mêmes dépendants d'une poignée d'acteurs pour qui la pistache est avant tout un outil politique et économique.

UNE PRODUCTION POLITIQUE

La culture et le commerce de la pistache sont concentrés entre les mains de deux pays : les États-Unis, leader mondial qui représente 43 % de la production et 61 % des exportations, et l'Iran, producteur historique qui réalise respectivement 23 % et 15 % des volumes. Le commerce de ce fruit à coque (3,4 milliards de dollars pour les pistaches non décortiquées) représente une source de revenus stratégique que Washington et Téhéran se disputent. Les pistaches se retrouvent alors au cœur des tensions politiques entre les deux pays, qui entretiennent une relation tendue et conflictuelle depuis la révolution islamique de 1979. Dans ce contexte, depuis le début du siècle, les ÉtatsUnis ont investi massivement dans la culture de pistaches, en Californie notamment, pour concurrencer et affaiblir l'économie et le leadership iranien, qui représentait 52 % de la production mondiale en 2000 (20 % pour les États-Unis). Si l'Iran dispose aujourd'hui de superficies largement supérieures (270 000 ha) de pistachiers à celles des États-Unis (198 000 ha), ces derniers ont réussi à s'imposer comme leader du secteur en quelques années grâce à des cultures intensives et modernes (irrigation…), qui leur assurent des rendements trois fois plus importants que ceux de leur rival. Cette stratégie a permis aux États-Unis d'atteindre leur record d'exportation en 2024 (348 000 tonnes) au détriment de l'Iran (98 000 tonnes). L'américanisation du secteur de la pistache devrait continuer de se renforcer alors que les tensions entre les deux pays sont loin de s'apaiser, comme en témoignent les sanctions économiques appliquées en 2018, qui limitent l'accès de la pistache iranienne aux marchés mondiaux, au profit de sa concurrente états-unienne, et, plus récemment encore, le conflit entre les États-uniens et l'Iran début 2026. Par ailleurs, l'annonce d'Israël, allié des États-Unis, d'un projet de culture de pistaches à grande échelle sur son territoire contribue à cette instrumentalisation politique du fruit à coque contre l'Iran.

Si l'utilisation de la pistache comme outil d'influence culturelle, économique et politique peut modifier les dynamiques actuelles du secteur, de nouveaux acteurs pourraient également émerger face à la demande croissante pour ce fruit à coque et, dans le cadre du changement climatique, à la résistance des pistachiers à la sécheresse et au froid hivernal.

FOCUS

Après avoir été abandonnée autour des années 1950, la pistache fait son retour progressif dans le sud-est de la France depuis 2018, pour des raisons climatiques - intensification des sécheresses - et économiques - produit à forte valeur ajoutée. Environ 500 hectares ont ainsi été mis en culture et 700 kilos de pistaches brutes ont été récoltés en 2024. La France vise plutôt un marché haut de gamme (transformation pour nougats, chocolats, glaces...), à la différence de l'Espagne, premier producteur de l'Union européenne, qui mise sur des cultures intensives (80 000 hectares en 2023). La production de pistaches pourrait aussi permettre de réduire légèrement la dépendance commerciale de la France, qui a importé 8600 tonnes de ce fruit chaque année en moyenne entre 2022 et 2024, notamment depuis les États-Unis (60 %). Cependant, la pérennisation de la culture de pistaches en France nécessite de récréer une filière, de l'amont à l'aval, et demande de la patience (il faut cinq à six ans pour que les arbres donnent leurs premiers fruits et que la production soit rentable).

À RETENIR

Incontournables sur les tables des apéritifs et de plus en plus dans les desserts et les sucreries, les pistaches sont au cœur d'enjeux culturels, économiques et politiques qui dépassent nos assiettes. De fait, si les États-Unis renforcent leur leadership sur la production et les exportations de cette pépite verte pour affaiblir l'économie iranienne, leader historique et berceau d'origine des pistaches, les Émirats arabes unis misent, quant à eux, sur l'image raffinée du fruit pour rayonner à travers le monde.

PISTACHES : UNE HYPER-CONCENTRATION GÉOGRAPHIQUE

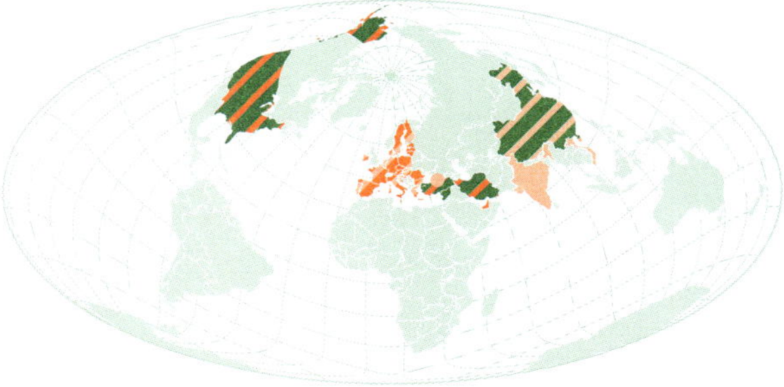

5 PRINCIPAUX PRODUCTEURS
(EN MILLIERS DE TONNES, MOYENNE ANNUELLE 2022-2024)

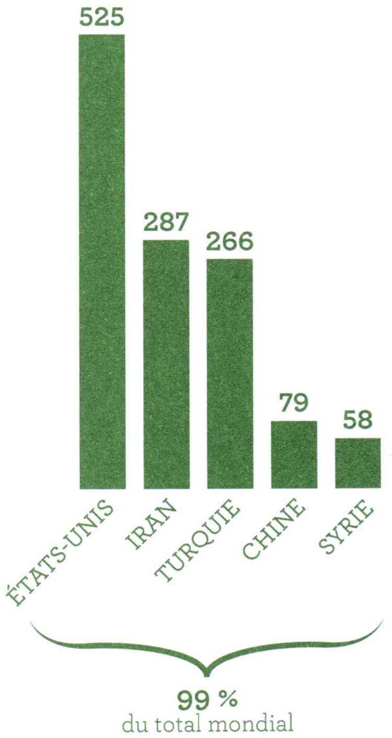

5 PRINCIPAUX EXPORTATEURS
(EN MILLIERS DE TONNES, MOYENNE ANNUELLE 2022-2024)

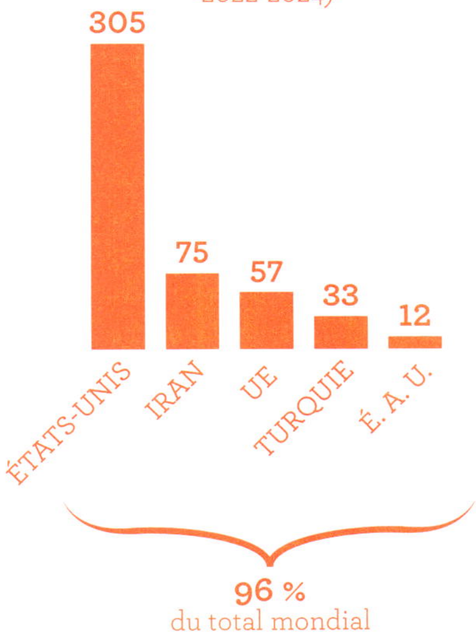

5 PRINCIPAUX IMPORTATEURS
(EN MILLIERS DE TONNES, MOYENNE ANNUELLE 2022-2024)

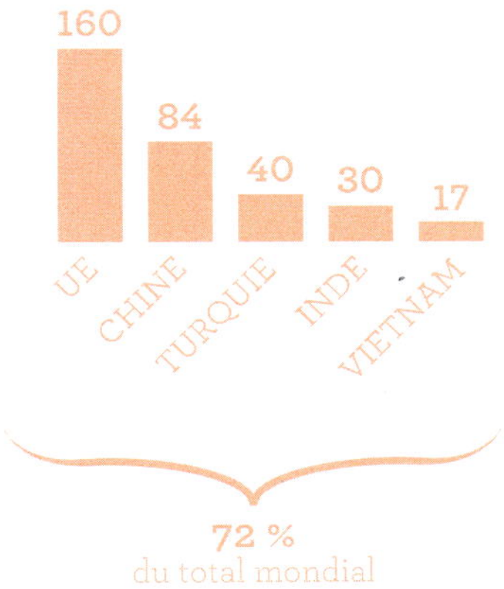

FICHE 35 | Laura Demurtas

CHIPS : L'ENVOLÉE

Dans un mode de vie moderne, marqué par le rythme soutenu, le stress et le besoin croissant de praticité, les chips sont devenues un en-cas privilégié pour des millions de personnes dans le monde. Leur portabilité, leur longue conservation et leur consommation immédiate en font un choix idéal pour les repas scolaires, les pauses au bureau, les voyages ou les moments de convivialité. Cependant, derrière leur irrésistible « crunch » se cache une géopolitique à croquer.

L'histoire des chips mêle faits et légendes. La plus célèbre remonte à 1853, à Saratoga Springs (New York), lorsque le chef George Crum, agacé par un client qui trouve ses frites trop épaisses, coupe les pommes de terre en tranches très fines, les frit et les assaisonne de sel. Contre toute attente, le client aime ce nouveau plat : les « Saratoga Chips » sont nées.

D'abord vendues dans de petits kiosques et restaurants, elles se commercialisent rapidement. Le véritable tournant arrive dans les années 1950 avec l'apparition des arômes. En Irlande, la marque Tayto lance les premières chips au fromage et à l'oignon, un pari audacieux qui séduit immédiatement les consommateurs.

À partir de là, les chips deviennent plus qu'un simple en-cas : leur potentiel réside dans une texture unique et des saveurs déclinables à l'infini. Chaque pays y apporte sa touche, créant ainsi une mosaïque de goûts qui reflète les cultures locales et les stratégies commerciales des grandes marques.

Aujourd'hui, véritable phénomène global, ces chips génèrent en 2024 près de 35 milliards de dollars de revenus, un marché qui pourrait atteindre 44 milliards d'ici à 2033, selon Business Research Insights.

UN MARCHÉ EN PLEIN ESSOR

Les chips peuvent sembler simples mais leur préparation repose sur des choix précis d'ingrédients et de matières premières. La base reste bien sûr la pomme de terre, de préférence à chair ferme et riche en amidon. Parmi les variétés les plus utilisées, on retrouve la Russet Burbank, la Kennebec, la Maris Piper ou encore l'Agria, selon les régions et les pays. La Chine est le plus grand producteur et consommateur mondial de chips, avec un volume de 3,2 millions de tonnes (Mt), soit 37 % de la production totale en Asie. Les États-Unis sont le deuxième producteur mondial, avec un volume de 2,9 Mt en 2024. L'Inde suit, en troisième position, avec une production de 1,3 Mt, soit plus de deux fois moins que les États-Unis. Rapportée à la consommation mondiale totale de 19 Mt en 2024, leur part cumulée représente environ 39 % du marché mondial en volume. Cependant, il est essentiel de distinguer leur position sur le marché des chips de leur rang dans la production agricole de pommes de terre brutes. Alors que la Chine et l'Inde sont les plus grands producteurs mondiaux de tubercules, leur taux de transformation de ces matières premières en produits finis est très différent. L'Europe, quant à elle, se distingue par sa forte production agricole. L'Allemagne et la France sont les principaux moteurs de cette industrie, ce qui leur confère un rôle de pilier dans la chaîne d'approvisionnement et la transformation industrielle.

> En 2024, la consommation de chips en sachet en Europe a atteint environ 2,7 Mt, une hausse de 0,4 % par rapport à l'année précédente.

UNE CHAÎNE MONDIALE COMPLEXE

Les chips sont un produit industriel qui voyage à travers le monde. Les ingrédients qui les composent, pommes de terre, huiles, arômes et emballages proviennent souvent de différents pays, ce qui crée une chaîne d'approvisionnement complexe et fragile. L'huile de tournesol en est un exemple frappant : une grande partie de sa production mondiale vient d'Ukraine et de Russie. La guerre en Ukraine déclenchée en février 2022 par la Russie a provoqué une flambée des prix, obligeant les entreprises à se tourner vers des alternatives moins stables ou plus coûteuses. Un véritable défi pour le secteur.

L'énergie joue également un rôle central. La friture, l'emballage et le transport exigent d'énormes quantités d'électricité et de carburant. La hausse continue des coûts énergétiques réduit la rentabilité de ce produit pour les fabricants et alourdit la facture pour les consommateurs.

Les chips en sachet posent en outre des enjeux environnementaux importants. Leurs emballages sont souvent constitués de plastiques multicouches difficiles à recycler. Certaines entreprises expérimentent des solutions compostables, mais les coûts restent élevés. Par ailleurs, la production elle-même a un impact significatif : culture intensive, forte consommation d'eau, usage de pesticides et transports longs.

Ainsi, derrière un simple sachet de chips se cachent des enjeux économiques, environnementaux et géopolitiques, qui illustrent la fragilité de cette industrie mondiale.

FOCUS

Le marché mondial des chips en sachet est très concentré, dominé par quelques multinationales comme PepsiCo (Lay's, Frito-Lay), Kellogg's (Pringles), Calbee, Intersnack et Lorenz Bahlsen. Malgré cela, de nombreuses niches régionales réussissent à s'imposer sur leurs marchés locaux. En France, le marché des chips se distingue grâce à des acteurs locaux comme Brets, entreprise bretonne fondée en 1991 par Alain Glon à Pontivy. Produisant des chips à partir de pommes de terre entièrement françaises, Brets exporte vers les États-Unis et l'Europe, tout en offrant des saveurs originales comme tartiflette, fromage de chèvre au piment d'Espelette ou camembert. Avec un positionnement premium, l'entreprise mise sur la qualité, l'artisanat et le développement durable, de la sélection des huiles à des emballages optimisés.

À RETENIR

Derrière chaque sachet de chips croustillantes se cache bien plus qu'un simple en-cas : un marché mondial stratégique qui génère des milliards de dollars de revenus, une chaîne d'approvisionnement complexe et vulnérable aux conflits, aux fluctuations des prix de l'énergie et aux défis climatiques, ainsi qu'une incroyable diversité de saveurs adaptées aux cultures locales. Entre plaisir gustatif, enjeux économiques et impératifs de durabilité, la chips illustre à elle seule les tensions et les innovations de notre système alimentaire globalisé, et montre que même le produit le plus simple peut être au cœur de dynamiques mondiales.

CHIPS : CARTOGRAPHIE D'UN GRIGNOTAGE MONDIAL

5 principaux producteurs mondiaux de pommes de terre brutes
(en millions de tonnes, moyenne annuelle 2022-2024)

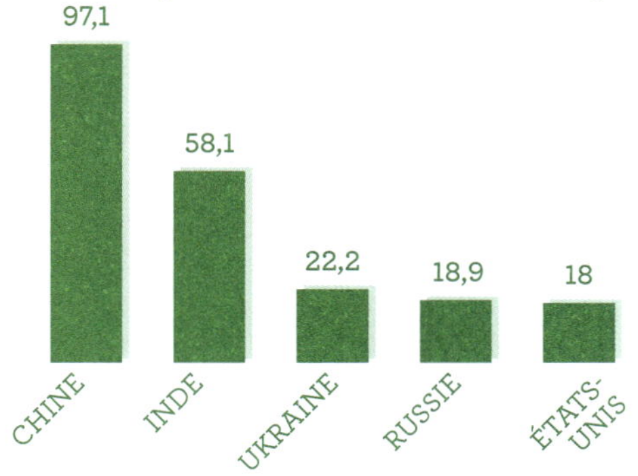

6 principaux consommateurs de chips par habitant
(en kilogrammes par an)

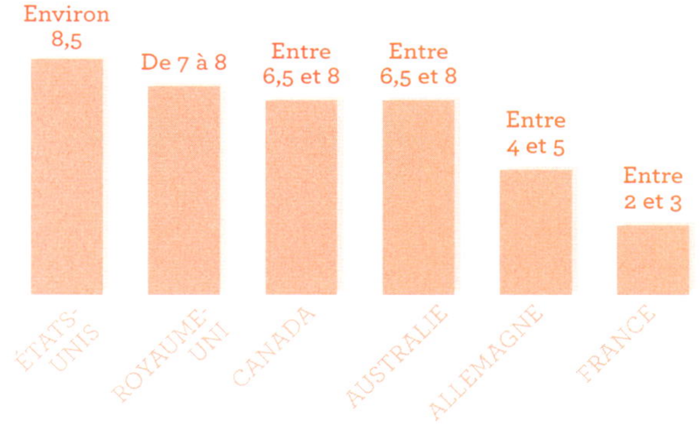

Principales marques productrices de chips dans le monde (en tonnes, 2024)

FICHE 36 | Laura Demurtas

OLIVE : L'AGITÉE

L'huile d'olive, symbole du bassin méditerranéen, incarne un art de vivre alliant bien-être et qualité. Riche en propriétés nutritionnelles et organoleptiques, elle représente un patrimoine culturel et gastronomique séculaire. Aujourd'hui, entre tensions géopolitiques et recomposition des équilibres mondiaux, le marché de l'huile d'olive traverse une période charnière.

PATRIMOINE MILLÉNAIRE ET PILIER ÉCONOMIQUE MÉDITERRANÉEN

Arbre emblématique au riche passé millénaire, l'olivier plonge ses racines dans le bassin méditerranéen. Depuis près de sept mille ans, son histoire se confond avec celle des civilisations qui l'ont cultivé. De la Crète à la Grèce, en passant par la Phénicie, l'huile extraite de ses fruits a façonné les routes commerciales, nourri les échanges et contribué à l'essor de ports prospères.

Les premières traces de son utilisation remontent à la Crète antique, où les Minoens exploitaient déjà l'huile d'olive pour l'alimentation, les soins corporels, la cosmétique, l'éclairage et la médecine. Les Phéniciens, grands navigateurs et commerçants, ont ensuite diffusé la culture de l'olivier le long des côtes méditerranéennes, de la Syrie à la Grèce, puis à Rome. Là, l'huile d'olive était considérée comme une substance essentielle et sacrée, qui permettait un lien privilégié avec les divinités, et renforçait son rôle central dans la vie quotidienne et spirituelle des civilisations méditerranéennes. Aujourd'hui, l'huile d'olive reste un pilier économique majeur, assurant les revenus de millions de petits et grands producteurs.

PRODUCTION CONCENTRÉE, DEMANDE CROISSANTE

La production mondiale reste fortement concentrée autour du bassin méditerranéen. L'Espagne est, de loin, le premier producteur avec environ 1,4 million de tonnes (Mt) en 2024/2025 (environ 40 % de la production mondiale), suivie par la Turquie (475 000 tonnes), la Tunisie (340 000 t), la Grèce (250 000 t) et l'Italie (248 000 t). Forte de ce poids économique, l'Union européenne (UE) s'impose comme acteur majeur, cumulant le rôle de premier producteur (2,1 Mt en 2024/2025) et d'importateur clé, influençant ainsi la régulation du marché en stimulant la consommation. Cette performance s'appuie sur des conditions climatiques privilégiées et sur un savoir-faire agricole ancestral transmis de génération en génération. Face à cette offre concentrée, la demande mondiale ne cesse de croître.

Avec 363 000 tonnes importées en 2023/2024, les États-Unis confirment leur statut de premier marché mondial pour la consommation. L'UE en demeure le principal fournisseur, avec en moyenne 252 000 tonnes exportées chaque campagne, soit près de 35 % de l'ensemble de ses exportations vers les pays tiers, en volume et en valeur. Au sein de l'UE, la France, petit producteur, n'en est pas moins un grand consommateur d'huile d'olive et importe plus de 95 % de ses besoins. Par ailleurs, la croissance rapide de la consommation dans des pays comme l'Australie et la Chine indique que l'avenir du marché de l'huile d'olive n'est pas limité à la sphère méditerranéenne.

UN PATRIMOINE DURABLE BOUSCULÉ

Derrière cette stabilité apparente, la filière oléicole traverse en réalité une zone de turbulences. Le secteur est de plus en plus fragilisé par le changement climatique, les tensions géopolitiques et les bouleversements économiques. Le climat reste sans doute le facteur le plus déterminant : la baisse des récoltes, la raréfaction de l'eau et la diminution des rendements, notamment en Europe, accentuent les tensions dans des campagnes déjà fragilisées par la démographie et l'exode rural. L'Italie en est un exemple. Elle est le seul pays de l'UE à prévoir une baisse de sa production en 2025 en raison des conditions climatiques extrêmes et des effets persistants de la bactérie *Xylella*.

> « L'olivier est la plus généreuse des plantes : il nourrit, soigne et éclaire l'homme. »
>
> *Plutarque, philosophe et écrivain grec*

Le contexte commercial et géopolitique est également crucial. L'Espagne, l'Italie, la Tunisie et la Turquie fournissent à elles seules 86 % des importations américaines. Une telle dépendance expose le premier marché mondial à de sérieux risques de rupture en cas de crise commerciale, de difficultés logistiques ou de choc climatique. La Tunisie en fait l'expérience : confrontée à l'incertitude de son accès au marché américain, elle doit se tourner vers de nouveaux débouchés, ce qui implique des adaptations longues et coûteuses. Parallèlement, le Brésil, qui a récemment supprimé les droits de douane sur l'huile d'olive européenne, apparaît comme un marché en plein essor, ajoutant un acteur supplémentaire à un jeu mondial déjà complexe.

Focus

Deoleo est aujourd'hui le leader mondial de l'huile d'olive. Fondée en 1955 à Rivas-Vaciamadrid (communauté de Madrid), cette entreprise espagnole est devenue le plus grand producteur et distributeur du secteur. Ses marques les plus connues, Bertolli, Carapelli et Carbonell, sont vendues et appréciées dans le monde entier. En 2024, Deoleo a exporté près de 250 millions de litres d'huile d'olive et a réalisé un chiffre d'affaires de 996,65 millions d'euros, en hausse de 19 % par rapport à l'année précédente. Pour garantir la qualité de ses produits, Deoleo suit des méthodes de production rigoureuses et veille à ce que son huile reste authentique, fidèle aux traditions méditerranéennes. L'entreprise ne se contente pas de produire de l'huile : elle s'engage aussi à offrir un produit de qualité, respectueux de l'environnement et apprécié par les consommateurs partout dans le monde.

À retenir

Le marché des olives n'est plus uniquement dominé par le « Big Three » historique (Espagne, Italie, Grèce). L'essor de la Turquie et de la Tunisie, ainsi que la montée de producteurs émergents comme l'Argentine ou l'Australie, qui bénéficient de conditions climatiques stables et de coûts de production compétitifs, annonce un paysage plus diversifié et concurrentiel. Cette diversification géographique pourrait devenir une source de stabilité à l'avenir. Face à cette concurrence, l'Europe doit défendre son héritage et la qualité de ses appellations d'origine protégée pour préserver son positionnement sur le marché mondial.

MÉDITERRANÉE ET AU-DELÀ : LA NOUVELLE CARTE DE L'HUILE D'OLIVE

PRODUCTION D'HUILE D'OLIVE DE L'UE

(en milliers de tonnes)

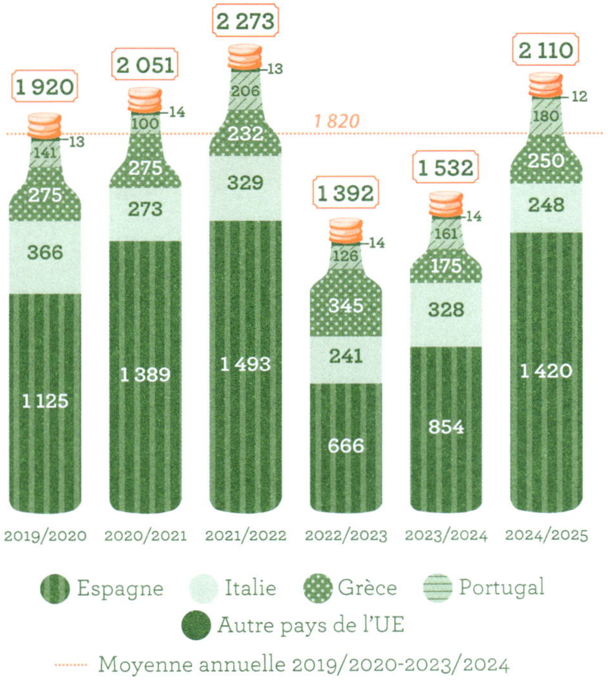

La production européenne d'huile d'olive en 2024/2025 devrait être supérieure de 16 % à la moyenne des 5 dernières années.

PRODUCTION D'HUILE D'OLIVE HORS UE

(en milliers de tonnes)

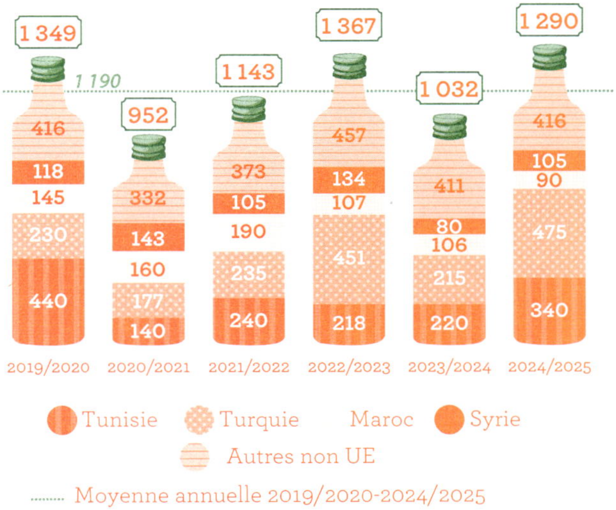

La production non européenne d'huile d'olive en 2024/2025 devrait être supérieure de 20 % à la moyenne des 5 dernières années.

FICHE 37 | Laura Demurtas

BOISSONS : L'AVENTURE

Les boissons à base de fruits à coque se sont progressivement imposées dans les régimes alimentaires contemporains, jusqu'à devenir, pour beaucoup de consommateurs, une alternative ordinaire au lait d'origine animale. Ces fruits occupent désormais une place stratégique dans les filières agroalimentaires mondialisées.

DES ÉQUILIBRES FRAGILES

Le marché mondial des boissons végétales connaît une profonde transformation. Longtemps limité à une consommation de niche – souvent liée à des raisons médicales ou à des intolérances alimentaires –, il s'est progressivement imposé dans le quotidien de millions de foyers à travers le monde. Cependant, les matières premières utilisées pour ces boissons – amandes, noix de cajou, noix, noisettes... – reposent sur une structure de production extrêmement concentrée, ce qui constitue une force logistique et une vulnérabilité stratégique.

Plus de 80 % de la production mondiale d'amandes se concentre aux États-Unis, en Californie, avec environ 1,24 million de tonnes (Mt) en 2024. L'Afrique de l'Ouest est devenue le centre de gravité de la production mondiale de noix de cajou, fournissant aujourd'hui plus de 60 % de l'offre mondiale de noix brutes. La Côte d'Ivoire est le leader mondial, avec une production de 1,5 Mt en 2025, soit plus de 20 % de l'offre globale. Pour les noix, la production est principalement assurée par la Chine, qui représente environ 59 % de la production mondiale, et par les États-Unis, en particulier la Californie, premier exportateur mondial. Cette forte concentration géographique crée une dépendance du marché mondial à quelques régions clés et rend l'offre particulièrement vulnérable à des événements locaux, comme les sécheresses, les instabilités politiques ou certaines décisions commerciales. Dans ce contexte, le contrôle de la production se

traduit directement par une influence sur les prix et la disponibilité des produits.
À ces enjeux s'ajoute un facteur déterminant : l'eau, une ressource de plus en plus rare et sensible. Certaines cultures, comme l'amandier, en sont particulièrement gourmandes. Produire 1 kilo d'amandes nécessite plusieurs milliers de litres d'eau. En Californie, région soumise à un stress hydrique croissant, cette culture entre en concurrence avec les besoins urbains, d'autres productions agricoles essentielles et la préservation des écosystèmes naturels. Face à une demande mondiale de boissons végétales en constante progression, la gestion de l'eau devient ainsi un enjeu majeur. Elle alimente débats publics, nouvelles réglementations et tensions sociales dans les zones rurales, illustrant les limites d'un modèle de production soumis à des équilibres de plus en plus fragiles.

> Le marché mondial des laits végétaux dérivés des fruits à coque était estimé à environ 14 milliards de dollars en 2025.

PRESSION SUR LES TERRITOIRES ET CHANGEMENT CLIMATIQUE

De nombreux pays du Sud global fournissent la matière première sans maîtriser la transformation, le marketing ou la distribution finale. Le cas des noix de cajou est particulièrement emblématique : elles sont produites en Afrique, mais moins de 15 % des noix africaines sont transformées localement, la majeure partie étant exportée à l'état brut. En réalité, plus de 80 % de la production mondiale de noix de cajou transformées est concentrée dans seulement deux pays : le Vietnam et l'Inde. Le Vietnam domine le marché européen, représentant environ 78 % des importations de noix de cajou décortiquées de l'Union européenne, illustrant ainsi le profond décalage entre les lieux de production des matières premières et ceux de la création de valeur ajoutée. Il en résulte que les pays producteurs restent à faible revenu tandis que la valeur économique et le pouvoir décisionnel se concentrent ailleurs. Ce modèle reproduit une nouvelle forme de dépendance économique.
Par ailleurs, l'augmentation de la demande de boissons végétales dans les pays à revenu élevé exerce une pression accrue sur les territoires producteurs. L'utilisation des terres est réorientée vers des monocultures destinées à l'exportation, souvent au détriment de la production alimentaire locale. Cette dynamique peut menacer la sécurité alimentaire, accentuer les inégalités sociales et, dans certains contextes, contribuer à l'instabilité politique. Enfin, le changement climatique affecte directement plusieurs zones clés de production, à travers des sécheresses prolongées, des incendies et une baisse des rendements agricoles. Dans ce contexte, les boissons végétales s'inscrivent pleinement dans les débats sur la sécurité alimentaire, la résilience nationale et la stabilité des marchés mondiaux.

FOCUS

Le lait d'amande est aujourd'hui la boisson végétale la plus consommée dans le monde. Ce marché est déjà bien installé dans les habitudes des ménages. En 2025, il représentait environ 6,5 milliards de dollars à l'échelle mondiale. Les États-Unis restent le premier marché, avec près de 850 millions de litres consommés en 2023-2024. En Europe, le marché a atteint 1,44 milliard de dollars en 2024. L'Espagne se distingue particulièrement : le lait d'amande est désormais présent dans 4 foyers sur 10, un succès étroitement lié à la tradition agricole du pays. L'Espagne dispose en effet de la plus grande surface d'amandiers au monde, avec plus de 700 000 hectares cultivés. Enfin, la région Asie-Pacifique est celle qui progresse le plus rapidement. La consommation devrait y augmenter de plus de 13 % entre 2026 et 2031, portée notamment par des pays comme la Chine et le Japon.

À RETENIR

Les fruits à coque se sont imposés comme des symboles de modernité alimentaire. Présentés comme des alternatives saines et durables au lait d'origine animale, ils accompagnent désormais les modes de vie urbains et les nouvelles tendances de consommation en Europe, en Amérique du Nord et en Asie. Derrière cette image vertueuse se dessinent des réalités plus complexes. La production, fortement concentrée dans certaines régions, crée des dépendances économiques et expose les marchés à des tensions politiques, hydriques et sociales. Quand la demande mondiale progresse, ces fruits deviennent de véritables ressources stratégiques (alimentation, commerce international, rapports de pouvoir). Derrière ces boissons végétales se joue une géopolitique discrète mais réelle des ressources agricoles.

PRINCIPAUX PRODUCTEURS MONDIAUX DE FRUITS À COQUE POUR BOISSONS

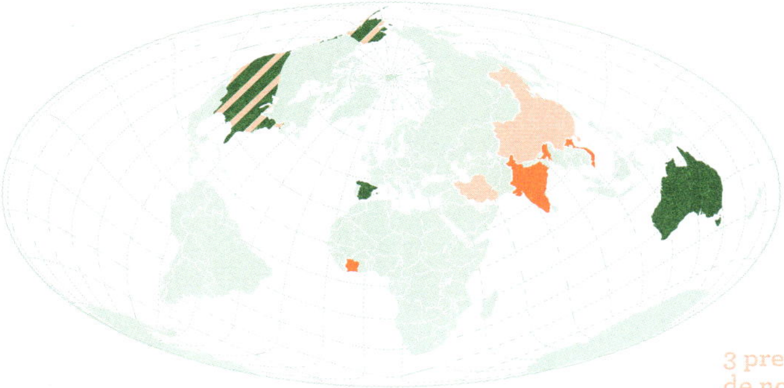

3 premiers producteurs d'amandes (en millions de tonnes, équivalent coque, moyenne annuelle 2022-2024)

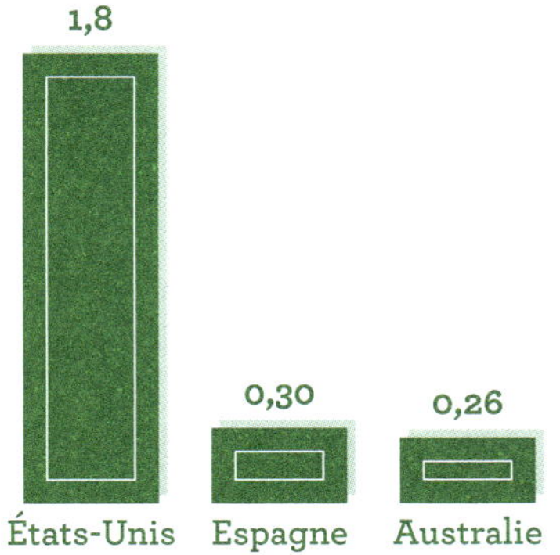

3 premiers producteurs de noix de cajou (en millions de tonnes, brutes en coque, moyenne annuelle 2022-2024)

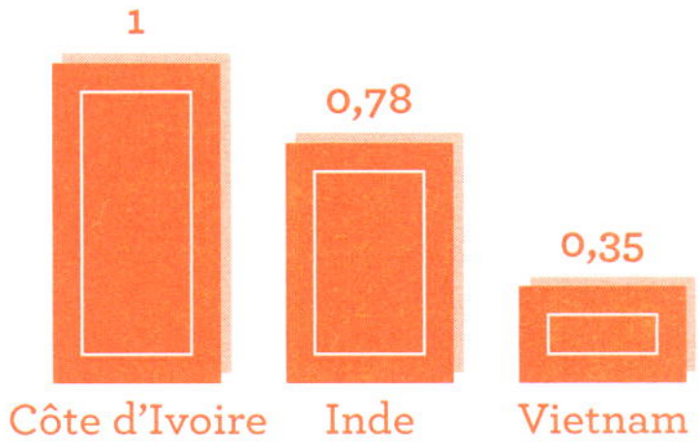

3 premiers producteurs de noix (en millions de tonnes, équivalent coque, moyenne annuelle 2022-2024)

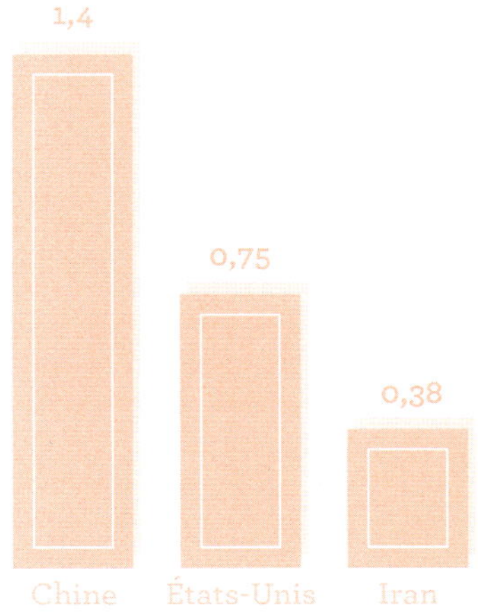

FICHE 38 | Laura Demurtas

VIN, CHAMPAGNE : LA SECOUSSE

Quand on pense au vin et au champagne, la France, patrie historique de ces trésors, vient immédiatement à l'esprit. Mais, aujourd'hui, ce secteur est devenu un véritable terrain de jeu mondial, où se mêlent intérêts économiques, culturels et géopolitiques, et où le changement climatique est en train de redessiner les règles du jeu.

UN HÉRITAGE QUI SE MODERNISE

La culture du vin a traversé les siècles, depuis ses origines il y a près de huit mille ans en Géorgie, où l'on a découvert les premières traces de vinification. De là, il s'est invité en Égypte et en Mésopotamie, prisé lors des rituels et des banquets des élites. Les Grecs en ont fait le symbole de la convivialité et du culte, et les Romains ont perfectionné sa culture et sa production, le diffusant dans tout l'Empire. Depuis, le vin accompagne l'histoire, les sociétés et les traditions méditerranéennes. Aujourd'hui encore, la France reste un symbole mondial de qualité et de raffinement, champagne en tête, icône du luxe et des célébrations. Pourtant, en 2024, les expéditions de champagne ont diminué d'environ 9 % par rapport à l'année précédente, sur le marché intérieur et à l'exportation. Cette baisse s'explique par plusieurs facteurs. Le plus évident est la concurrence croissante d'autres vins effervescents : le prosecco italien, avec son positionnement plus accessible et son image plus légère, conquiert des parts de marché, surtout auprès des consommateurs plus jeunes et dans des contextes moins formels. De plus, l'inflation et les incertitudes économiques mondiales incitent les consommateurs à être plus prudents dans leurs dépenses, surtout pour des produits de luxe comme le champagne. Le secteur se retrouve ainsi face à un double défi : conserver son image de produit d'exception tout en s'adaptant à un marché en pleine évolution, marqué par une baisse de la consommation, la hausse des prix et une concurrence internationale toujours plus forte.

LE MONDE DU VIN EN MUTATION

Le secteur viticole mondial est en pleine mutation. En Europe, des régions historiques comme la France, l'Italie et l'Espagne sont désormais menacées par les conséquences du changement climatique. Vagues de chaleur, sécheresses et pluies irrégulières mettent en péril la qualité et le rendement des vignobles traditionnels. Pourtant, cette même crise climatique ouvre de nouvelles opportunités. Des territoires autrefois impensables pour la vigne, comme le Royaume-Uni, le Canada ou la Scandinavie, deviennent soudainement de nouvelles régions viticoles, prêtes à rivaliser avec leurs homologues européens. Simultanément, le pouvoir d'achat et l'intérêt pour la culture du vin se déplacent vers de nouveaux horizons. Des marchés comme la Chine, le Brésil, la Corée du Sud et l'Inde voient leur consommation augmenter de manière significative, portés par une classe moyenne en pleine expansion. Ces pays redessinent la carte de la demande mondiale.

> En 2024, la superficie viticole mondiale s'élève à environ 7,1 millions d'hectares. Ce chiffre marque une baisse pour la quatrième année consécutive.

À ces défis s'ajoutent les tensions commerciales et diplomatiques. Sanctions, droits de douane et restrictions à l'exportation provoquent d'importantes fluctuations de prix et redistribuent les cartes du marché. Par exemple, lorsque la Chine a pénalisé l'Australie en mars 2021, d'autres producteurs ont pu gagner du terrain. Ces incertitudes économiques poussent les producteurs à réduire leurs investissements et à chercher de nouvelles routes commerciales, ce qui ralentit les ventes.

Cependant, la combinaison de ces facteurs a mené à une production mondiale de vin de 225 millions d'hectolitres en 2024, niveau le plus bas depuis soixante ans. La consommation mondiale a elle aussi atteint son plus faible volume depuis 1961, s'établissant à 214 millions d'hectolitres. Cette baisse s'explique par la diminution de la demande, des prix élevés, une inflation persistante et par une évolution des modes de vie. En somme, le secteur viticole fait face à une crise multifactorielle où climat, économie et géopolitique s'entremêlent pour réinventer ses règles et ses acteurs.

FOCUS

Pour la campagne 2024/2025, la production totale dans l'Union européenne est estimée à 146,5 millions d'hectolitres, soit une baisse de 1,5 % par rapport à 2023/2024, et en dessous de la moyenne des cinq dernières années, qui s'établit à 160 millions d'hectolitres. En 2024/2025, la production italienne est estimée à 41 millions d'hectolitres, en hausse de 7 % par rapport à l'année précédente, mais toujours inférieure aux 47 millions d'hectolitres que représente la moyenne quinquennale. La France se classe en deuxième position avec 39,3 millions d'hectolitres, soit une baisse de 18 % par rapport à 2023/2024, suivie par l'Espagne avec 38,1 millions d'hectolitres, en hausse de 19 % par rapport à 2023/2024, mais légèrement en dessous de la moyenne quinquennale.

À RETENIR

Depuis une décennie, le monde du vin est en pleine ébullition. Ce secteur, autrefois porté par des traditions bien ancrées et des modèles de consommation stables, fait aujourd'hui face à une recomposition profonde. Crise économique post-Covid-19, flambée du coût de la vie, tensions géopolitiques et montée en puissance d'un mode de vie plus sobre : ces facteurs bouleversent les habitudes des consommateurs, même sur les marchés les plus traditionnels. Le vin et le champagne, symboles de convivialité et de prestige, voient leur place redéfinie dans un paysage mondial en mutation.

ROUTES COMMERCIALES DU VIN : L'EUROPE EN TÊTE DU CLASSEMENT

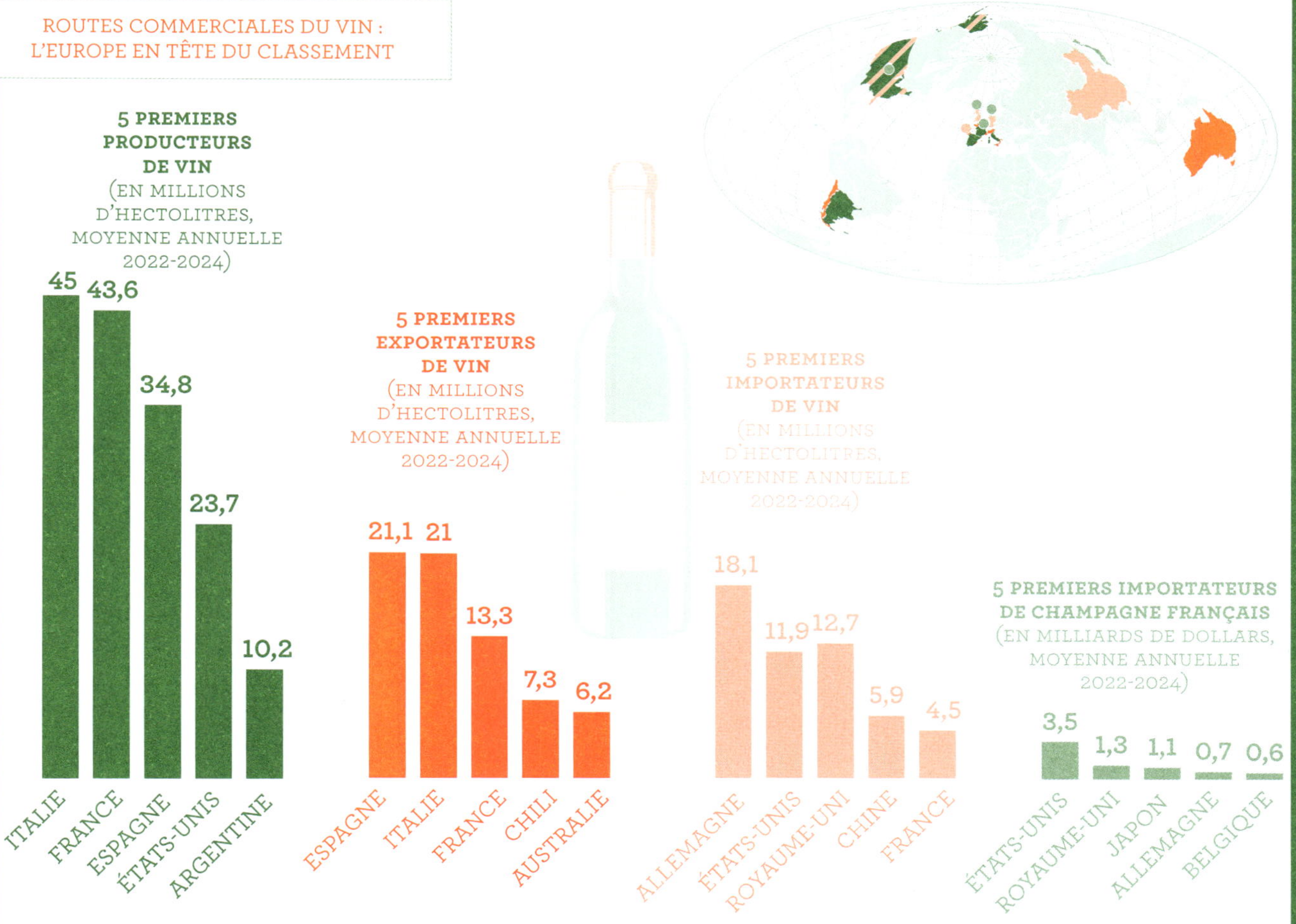

FICHE 39 | Anaïs Marie

EAU-DE-VIE : LA LIMITE

Emblèmes régionaux français, les eaux-de-vie de fruits sont au cœur d'enjeux nationaux et mondiaux. Portées par des spiritueux de renommée mondiale comme le cognac, elles doivent cependant naviguer entre consommation nationale en berne et batailles commerciales sur la scène internationale.

UN RAYONNEMENT MONDIAL PORTÉ PAR LES RÉGIONS FRANÇAISES

Les fruits sont appréciés sous de nombreuses formes (frais, en compote, en jus ou en coulis), mais ils sont aussi prisés en spiritueux et notamment en eaux-de-vie, obtenues par macération ou fermentation puis distillation. En France, les eaux-de-vie de fruits se répartissent en différentes catégories, entre les eaux-de-vie de vin (cognac et armagnac par exemple), de cidre (calvados), et de nombreux autres fruits (cerise, mirabelle, framboise…). Leur origine remonterait au XVIIe siècle avec le kirsch, issu de la distillation de cerises, puis s'est étendue au reste du territoire et aux fruits locaux. Les pommes à cidre sont ainsi le deuxième fruit le plus produit en France avec 11 % des volumes totaux en moyenne annuelle entre 2022 et 2024, derrière la pomme de table (51 %, *voir fiche 12*). De son côté, le cognac représente environ 10 % du vignoble français, avec plus de 88 000 hectares consacrés à sa production. Les eaux-de-vie disposent d'un fort caractère régional, marqué par les labels Appellation d'origine contrôlée (AOC) et Appellation d'origine protégée (AOP) qui comptent notamment le cognac, produit en Nouvelle-Aquitaine (Charente et Charente-Maritime principalement), l'armagnac en Gascogne (Gers, Landes et Lot-et-Garonne), la poire Williams en Alsace, le calvados en Normandie (département du Calvados)… Cette labellisation et cet ancrage territorial participent à la création d'un produit recherché et au *soft power* du pays via le rayonnement de la gastronomie régionale dans le monde.

Pour renforcer cette dynamique, la France cherche depuis 2020 à inscrire le cognac sur la liste du patrimoine culturel immatériel de l'Unesco.

FILIÈRES EXPORT SOUS ALÉAS COMMERCIAUX

L'internationalisation des eaux-de-vie de fruits françaises a permis de compenser les pertes de marché en France, où ces alcools souffrent souvent d'une image désuète face aux alcools à base de céréales (whisky, rhum...). Revers de la médaille, elle a toutefois exposé ces filières aux aléas des marchés mondiaux. Le cas du cognac illustre cette fragilité en raison de sa forte dépendance aux exportations. De fait, plus de 97 % du cognac produit en France est consommé à l'étranger. En 2024/2025, près de 155 millions de bouteilles ont été exportées, dans plus de 140 pays, pour un chiffre d'affaires de 2,7 milliards d'euros. Bien que ces performances permettent au cognac de figurer comme le spiritueux le plus exporté par la France (deux tiers des ventes en valeur en 2024), la filière souffre de l'instabilité du climat commercial de ses deux principaux clients, les États-Unis et la Chine. Elle se retrouve donc au cœur de batailles géopolitiques et commerciales qui affectent directement les producteurs. En 2024, la Chine a ainsi imposé d'importantes restrictions à l'importation d'eaux-de-vie en provenance de l'Union européenne (UE) à la suite d'une enquête antidumping engagée par cette dernière sur les véhicules électriques chinois. Si le cognac a finalement été exempté de droits de douane à la mi-2025, en contrepartie de prix minimum, les exportations de ce produit vers la Chine ont tout de même chuté de 22 % en 2024. Ce cas n'est pas isolé et reflète des tensions commerciales croissantes. Depuis août 2025, l'administration Trump, quant à elle, a imposé de nouveaux droits de douane sur de nombreux produits européens, dont le cognac, ce qui a entraîné une hausse des coûts et donc une réduction des ventes vers le principal débouché du secteur.

97 %

du cognac produit en France est exporté, avec une forte dépendance envers les États-Unis (36 % des ventes en 2024) et la Chine (20 %).

Dans ce contexte géopolitique et commercial incertain, les filières des eaux-de-vie cherchent à conquérir de nouveaux marchés, par exemple l'Amérique du Sud, dont l'accès lui serait facilité par l'accord UE-Mercosur. Si l'avenir de ces alcools doit être regardé au gré du contexte politique et commercial international, le changement climatique et l'évolution des zones de production pourraient également faire émerger de nouveaux acteurs et redistribuer les cartes d'une production française à l'ancrage régional marqué.

FOCUS

Au-delà des enjeux climatiques et géopolitiques, la filière des spiritueux est confrontée à la baisse globale de la consommation d'alcool, passée de 6 litres d'alcool pur par adulte (plus de 15 ans) dans le monde en 2012 à 5 litres en 2022. L'Union européenne compte parmi les principaux consommateurs (10 litres par adulte en moyenne), portée par la Roumanie – première mondiale avec 17 litres – et la Lettonie – troisième avec 14,7 litres. Bien que la France soit dix-septième dans ce classement (11,2 litres), la consommation d'alcool continue de diminuer (12,7 litres en 2012). Alors que les liqueurs et crèmes de fruits ne représentent que 9 % des ventes en volume de spiritueux en France en grandes et moyennes surfaces en 2024, d'autres produits comme le cognac (0,3 %), le calvados et l'armagnac (0,2 % chacun), ainsi que les eaux-de-vie de fruits plus légères en alcool ou utilisables en cocktail, pourraient tirer leur épingle du jeu.

À RETENIR

Souvent associées à une image désuète, les eaux-de-vie de fruits portent les couleurs de la France dans le monde et jouent de leur ancrage régional. Cependant, cette forte dépendance aux exportations et à une poignée d'acheteurs expose les filières aux aléas des marchés mondiaux, où les désaccords politiques se traduisent parfois en batailles commerciales. Le cognac, emblème du succès des eaux-de-vie de fruits françaises, est au cœur de ces enjeux géopolitiques. Les défis culturels et économiques s'entremêlent. L'adaptation de ces filières aux chocs extérieurs constituera un élément clé de leur durabilité.

SPIRITUEUX FRANÇAIS :
LES EXPORTATIONS SOUS LES RADARS

EXPORTATIONS FRANÇAISES DE SPIRITUEUX EN VALEUR (2024)

EXPORTATIONS FRANÇAISES DE SPIRITUEUX EN VOLUME (2024)

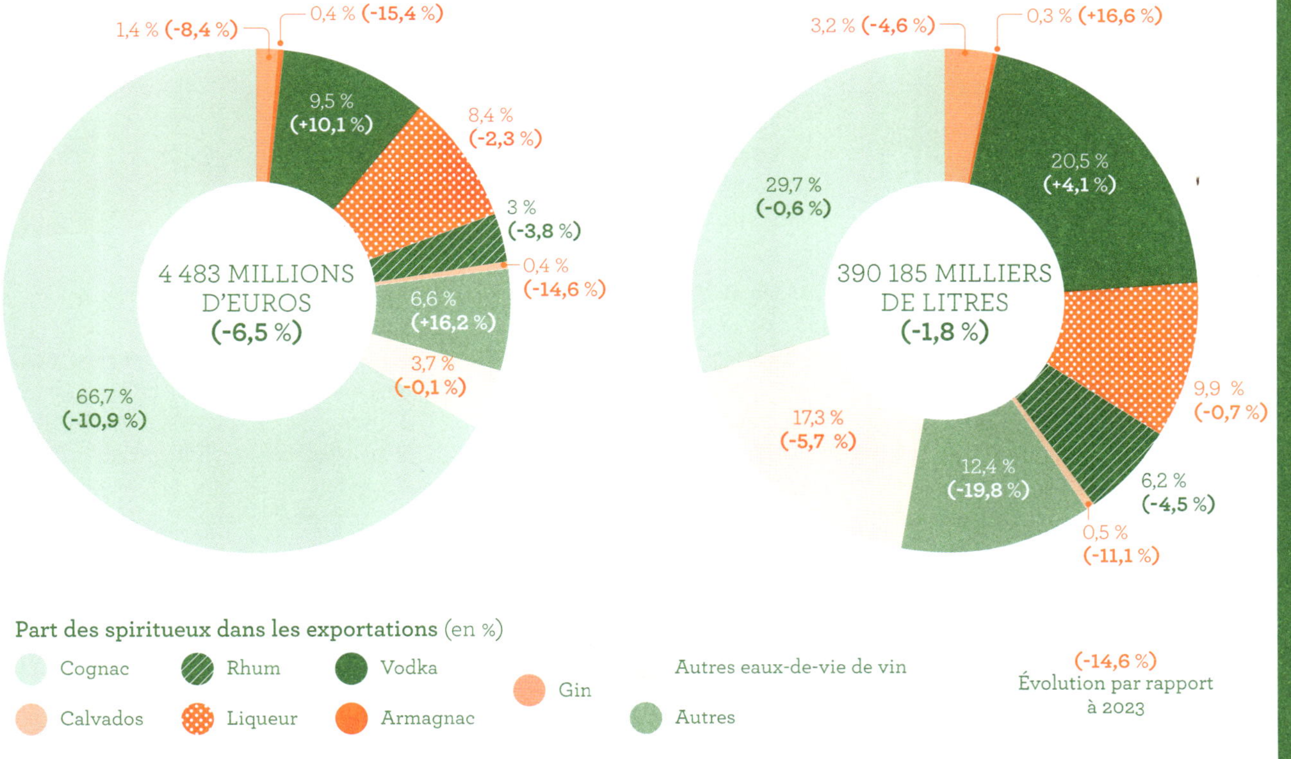

FICHE 40 | Diane Mordacq

FICHE FICTION

DEMAIN LA FIN : LE DÉSÉQUILIBRE

En 2023, 2,1 milliards de tonnes de fruits et légumes (excluant les racines et tubercules) ont été produites dans le monde. Et si demain ces produits disparaissaient ?

UN CHOC ÉCONOMIQUE ET SANITAIRE

Dans un monde sans fruits et légumes, les producteurs perdent tout ou partie de leur revenu. Le choc socio-économique est d'autant plus important pour le monde agricole et rural qu'il s'agit de productions à haute valeur ajoutée (12 % de la production agricole en volume pour les fruits et 10 % pour les légumes ; 19 % en valeur pour les fruits et 17 % pour les légumes). La perte de ces produits affecte également gravement la nutrition humaine. Bien qu'ils fournissent moins de 10 % de l'énergie consommée, les fruits et légumes apportent des fibres alimentaires (pectine, bêta-glucanes, cellulose...), des vitamines (A, C, B2, B6, K, acide folique...), des minéraux (potassium, fer, magnésium, calcium, cuivre...) et des composés antioxydants (caroténoïdes, polyphénols...). La diversité de fruits et légumes (les dix principales familles botaniques rassemblent des milliers d'espèces et de variétés) offre une richesse de saveurs et de couleurs qui ne sont pas uniquement esthétiques : elles signalent la présence de nutriments spécifiques. En effet, les légumes verts apportent de la chlorophylle et de la lutéine, utiles pour la vue et le fonctionnement du corps ; les fruits rouges contiennent des anthocyanes et du lycopène, qui protègent les cellules et peuvent réduire l'inflammation... La disparition de ces produits entraînerait donc un affaiblissement généralisé des populations, et donc des États.

S'ADAPTER

En l'absence de fruits et légumes, certains nutriments essentiels deviennent particulièrement difficiles à obtenir, en particulier la vitamine C. Son déficit compromet la synthèse du collagène, protéine indispensable au maintien du tissu conjonctif, entraînant fragilisation des vaisseaux sanguins, gencives sensibles, cicatrisation retardée et, à long terme, apparition du scorbut, maladie qui affectait autrefois les marins lors de longs voyages en mer. Les Inuits, eux aussi privés de fruits et légumes en raison de leur environnement, compensaient cette absence en consommant de la viande crue, seule capable de leur fournir de la vitamine C, thermolabile et détruite par la cuisson. À présent, sans fruits ni légumes, les carences peuvent être corrigées par des compléments alimentaires. Les principes actifs nécessaires peuvent être extraits d'autres végétaux ou produits animaux, ou fabriqués à partir de ces derniers par des procédés chimiques et biotechnologiques. La vitamine C, par exemple, peut être produite industriellement à partir du glucose naturellement présent dans le blé, via une succession de transformations chimiques et microbiennes. Alors que, jusqu'à présent, seule la carence en vitamine D, liée au déficit de rayonnement ultraviolet, concernait une part limitée de la population française, la disparition des fruits et légumes rend l'usage de compléments alimentaires indispensable pour l'ensemble de la population.

> « En France entre début 2015 et fin 2023, près de 900 enfants/ados ont été hospitalisés pour scorbut ou manque grave de vitamine C. »
>
> *The Lancet, 2025*

SANS FRUITS ET LÉGUMES, UN MONDE APPAUVRI

La disparition des fruits et légumes bouleverse profondément les flux commerciaux internationaux, en les amputant de la catégorie de produits agricoles la plus échangée jusqu'alors (353 milliards de dollars en 2023, devant les céréales avec 300 milliards de dollars). Le continent africain, pour lequel les fruits et légumes constituaient la seule filière agroalimentaire affichant un excédent commercial (13 milliards de dollars en 2023), en tirait 37 % de ses exportations agricoles en valeur, soit la proportion la plus élevée à l'échelle des continents. L'Europe, à l'inverse, présentait le déficit commercial le plus important (– 7 milliards de dollars en 2023), 24 % de ses importations agricoles en valeur y étaient consacrées, également un record à l'échelle des continents. La disparition des cultures fruitières et légumières entraîne un déclin brutal des campagnes, en particulier dans les pays où ces productions, fortement intensives en main-d'œuvre, constituaient un pilier de l'emploi agricole. L'effacement de ces filières expose ainsi au chômage et aux migrations une large population anciennement employée dans l'agriculture, accentuant les fractures sociales et territoriales entre régions industrialisées et espaces ruraux marginalisés. Les principaux bénéficiaires sont les acteurs économiques capables d'investir dans des infrastructures industrielles dédiées à la production de substituts nutritionnels.

FOCUS

La production de fruits et légumes ne représente que 9 % de la production agricole européenne en volume. Cette faible spécialisation relative limiterait l'impact direct de leur disparition sur le système productif européen, comparativement à d'autres continents fortement dépendants de ces filières (elles représentent 30 % de la production agricole en volume en Asie [55 % en Chine], 22 % en Afrique et 10 % dans les Amériques). Dans un tel scénario, l'Europe disposerait d'atouts industriels et technologiques significatifs pour s'adapter, notamment grâce à ses capacités en agro-industrie, en chimie et en biotechnologies, qui permettraient de produire compléments alimentaires, vitamines et fibres synthétiques. Déclarées d'intérêt national pour la santé publique, ces industries bénéficieraient de subventions et de soutiens ciblés, justifiés par les économies considérables qu'elles permettraient de réaliser sur le long terme en matière de santé.

À RETENIR

La disparition totale des fruits et légumes prive l'agriculture de productions à haute valeur ajoutée, indispensables à la santé humaine par les nutriments qu'elles fournissent. Ces filières, fortement intensives en main-d'œuvre, faisaient vivre une part importante des populations rurales. Leur effacement supprime également la catégorie de produits agroalimentaires la plus échangée à l'échelle mondiale, ce qui entraîne des déséquilibres économiques, sociaux et sanitaires majeurs.

POIDS DES FRUITS ET LÉGUMES DANS LES BALANCES COMMERCIALES AGRICOLES ET AGROALIMENTAIRES

Le solde de la balance commerciale est la différence entre la valeur des exportations et des importations de biens.

Balance commerciale agricole et agroalimentaire, par continent et par catégorie de produits (en milliards de dollars, 2023)

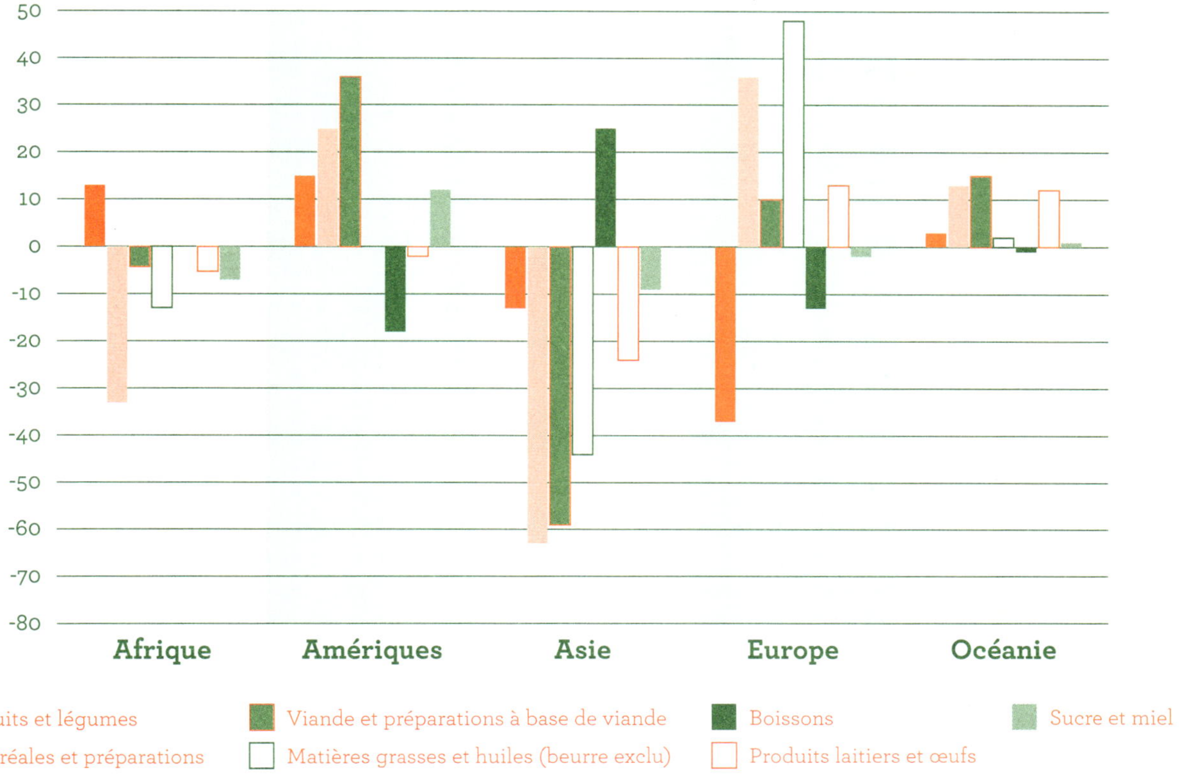

RÉFÉRENCES BIBLIOGRAPHIQUES

OUVRAGES

Acloque, Delphine, « Les marchés de gros dans le monde : des hubs agro-logistiques et alimentaires stratégiques », *in Le Déméter 2023, Agriculture et alimentation : la durabilité à l'épreuve des faits*, IRIS Éditions, 2023.

Alexander, William, *Ten Tomatoes that Changed the World: A History*, Grand Central Publishing, 2023.

Astafieff, Katia, *L'Aventure extraordinaire des plantes voyageuses*, Dunod, 2023.

Barlier, André et Denieulle, Jérémy, « Fruits rouges : l'irrésistible ascension sur nos étals », *in Le Déméter 2025, Nourrir 2050 : de la fiction à la réalité*, IRIS Éditions, 2025.

Barlier, André et Marie, Anaïs, « Pommes, succès mondial à croquer », *in Le Déméter 2026, Appétits stratégiques et pivots agricoles*, IRIS Éditions, 2026.

Club DEMETER, « Pertes et gaspillage alimentaires », *in Le Déméter 2022, Alimentation : les nouvelles frontières*, IRIS Éditions, 2022.

Frey, Olivier et Laisney, Céline, « #Avocat, star ou victime des réseaux sociaux ? », *in Le Déméter 2021, Produire et se nourrir : le défi quotidien d'un monde déboussolé*, IRIS Éditions, 2021.

Hervé, Jean-Jacques et Chaumet, Jean-Marc, « Diplomatie agricole, une arme dans les relations internationales », *in Le Déméter 2023, Agriculture et alimentation : la durabilité à l'épreuve des faits*, IRIS Éditions, 2023.

Lecerf, Jean-Michel, *La Joie de manger*, Les éditions du Cerf, 2022.

Levinson, Marc, *The Box: How the Shipping Container Made the World Smaller and the World Economy Bigger*, Princeton University Press, 2006.

Marie, Anaïs, « Oranges, un business juteux », *in Le Déméter 2024, Mondes agricoles : cultiver la paix en temps de guerre*, IRIS Éditions, 2024.

Mordacq, Diane, « La pomme de terre, une valeur sûre de l'alimentation ? », *in Le Déméter 2024, Mondes agricoles : cultiver la paix en temps de guerre*, IRIS Éditions, 2024.

Nowak, Benjamin, *Pourquoi les bananes n'ont-elles pas de pépins ?*, Dunod, 2025.

Seghirate, Yasmine et Thibault, Axelle, « Migrants : une chance pour les mondes ruraux ? », *in Le Déméter 2020*, IRIS Éditions, 2020.

Simmat, Benoist et Casanave, Daniel, *L'Incroyable Histoire du vin*, Les Arènes, nouvelle édition, 2024.

Twilley, Nicola, *Frostbit: How Refrigeration Changed Our Food, Our Planet, and Ourselves*, Penguin, 2024.

Vernier, Philippe, N'Zué, Boni et Zakhia-Rozis, Nadine, *Le Manioc, entre culture alimentaire et filière agro-industrielle*, Éditions Quae, 2018.

ARTICLES DE PRESSE ET ORGANISMES

Abis, Sébastien, « Géopolitique de l'apéro : la pistache, outil de puissance américain face à l'Iran », *L'Opinion*, 30 septembre 2020.

Association nationale pommes poires (ANPP), https://lapomme.org/

Bergot, Gabrielle, « Élections en Égypte : 10 points sur le verrouillage du pouvoir par al-Sissi », *Le Grand Continent*, 19 décembre 2023.

International Coconut Community, *Coconut Statistical Yearbook*, 2023.

CTIFL, https://www.ctifl.fr/

« *Globalisation is nuts* », *The Economist*, 12 juin 2025.

Expert Market Research, « Nut Milk Market Size, Share and Growth Analysis Report – Forecast Trends and Outlook (2026-2035) ».

FAO, « Journée internationale des légumineuses, 10 février ».

FAO, https://www.fao.org/home/fr

Fédération française des spiritueux, https://www.spiritueux.fr/

Fortune Business Insights, « Agricultural Robots Market », 2026.

France AgriMer, https://www.franceagrimer.fr/

IndexBox, « Northern America – Potato Chips – Market Analysis, Forecast, Size, Trends And Insights », 2025.

Interfel, « Filière fruits et légumes frais. Bilan et achats des ménages 2025 », 2026.

International Olive Council, www.internationaloliveoil.org

OMS, https://www.who.int/fr

Sancho, Xavi, « L'avocat, le fruit qui raconte le XXIe siècle », *El País*, 2025. Reproduit dans *Le Courrier international*.

TABLE DES ILLUSTRATIONS ET SOURCES

GÉOPOLITIQUE DE LA RUSSIE
GÉOPOLITIQUE DES ÉTATS-UNIS
GÉOPOLITIQUE DU CRIME ORGANISÉ
GÉOPOLITIQUE DES MATIÈRES PREMIÈRES
GÉOPOLITIQUE DE L'INTELLIGENCE ARTIFICIELLE
GÉOPOLITIQUE DES MONDES ARABES
GÉOPOLITIQUE DE L'ÉCONOMIE
GÉOPOLITIQUE DE LA CHINE
GÉOPOLITIQUE DES MIGRATIONS
GÉOPOLITIQUE DE L'AFRIQUE
GÉOPOLITIQUE DE L'EUROPE
GÉOPOLITIQUE DES MONDES ASIATIQUES
GÉOPOLITIQUE DU TOURISME
GÉOPOLITIQUE DES RELIGIONS ET DES SPIRITUALITÉS
GÉOPOLITIQUE DE L'ÉTAT ISLAMIQUE
GÉOPOLITIQUE DE L'AGRICULTURE
GÉOPOLITIQUE DE L'ÉCONOMIE
GÉOPOLITIQUE DE LA SANTÉ
GÉOPOLITIQUE DU MONDE SPATIAL
GÉOPOLITIQUE DE L'ACTION HUMANITAIRE
GÉOPOLITIQUE DU LUXE
GÉOPOLITIQUE DE LA MER
GÉOPOLITIQUE DES ÉNERGIES
GÉOPOLITIQUE DES FÉMINISMES
GÉOPOLITIQUE DE L'AMÉRIQUE LATINE
GÉOPOLITIQUE DES CÉRÉALES
GÉOPOLITIQUE DES RELIGIONS ET DES SPIRITUALITÉS